International Relations Workbook

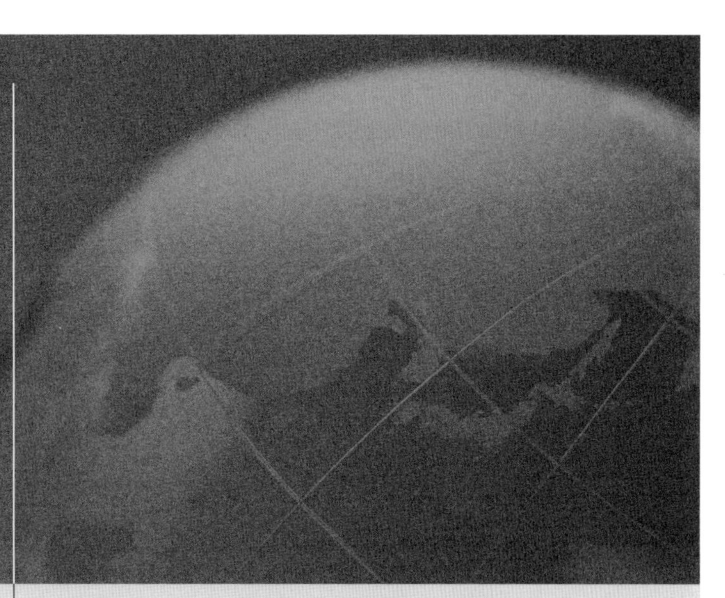

小田桐 確
Tashika Odagiri
長谷川 晋
Susumu Hasegawa
岸野浩一
Kouichi Kishino
編著

# ワークブック
# 国際関係論

●身近な視点から世界を学ぶ

ナカニシヤ出版

# はじめに

本書を手にした皆さんは,「国際関係」と聞いて，何をイメージするでしょうか。さまざまな文化や国籍をもつ人々が交流し協力する姿を連想していませんか。

確かに，世界を作り上げている担い手は，最終的には，私たち一人ひとりの人間です。しかし，世界に生きる76億人（2017年）の人々が，一つの「世界政府」のもとで暮らしているわけではありません。およそ200ある「国家」のいずれかに属して生きているのです。

では，国家が織りなす世界とは，どのようなものでしょうか。他国を思いやって，あるいは，自国の利益のために，互いに協力することがあります。貧困や自然災害で苦しむ国の人々に手を差し伸べ，また，経済成長を目指して貿易自由化の約束をします。各国政府の代表が，世界のどこかに集まって話し合う姿を頻繁に目にするでしょう。

その一方で，国家と国家の間には，対立が芽生えることもあります。この点は，人間関係と同じです。どんなに仲の良い友人や家族との間でも，時には揉め事が起こります。国家間でも，意見や利害のくいちがいは避けられません。たとえば，環境問題はどうでしょうか。自然環境の重要性では一致していても，何をどのように守るか，誰がどれだけ負担するかをめぐって，合意できないことがあります。日本の周りをみても，領土紛争や貿易摩擦が起きています。

領土は誰のものか，二酸化炭素の排出量を誰がどれくらい減らすのか，限られた資源の配分を決めなければなりません。これを「政治」といいます。お菓子をどのように分けるのか，誰が掃除をするのかなど，人が何人か集まれば，利益の分け方や分担を決めています。そんな小さな政治から始まって，地球上で行われる最も規模の大きな政治が，国家間の政治（国際政治）なのです。

国際関係論では，この国家間で行われる政治について学んでいきます。といわれると，日常生活からかけ離れていて，実感がわかない，難しいという印象をもつかもしれません。中学・高校時代に，歴史や地理，政治・経済といった科目が苦手で嫌いだったという学生さんも多いでしょう。ニュースを見ても，遠い世界の話でピンとこない，自分と関係があることだとは思えないという反応が返ってきそうです。

この本は，そのような大学生の皆さんに向けて書かれた本です。できるだけ平易な，日常の言葉を使うように心がけました。何より，日本で暮らしている私たちの生活や人生が，意識しているか否かにかかわらず，世界の動きに影響されているのだということを実感してもらえるよう，身近な話題に関連づけて論じました。

物事を考えるには，知識が必要です。この本では，国際関係と私たちの生活について考えるうえで最低限必要な事柄に限定してあります。覚えることが少ない分，余力を使って，自分で考え，それを表現し，周りの人たちと共有する機会をもちましょう。本書では，各章ごとに四つの質問が用意されており，これらに答えようと頭を巡らせるなかで，国際関係への理解が深まっていくように工夫されています。

Q-1では，予備知識は必要ありません。皆さんがすでに知っていることを基にして，質問に答えてみましょう。Q-2は，やや難しめの問いです。すぐには答えられないかもしれませんが，解説1と解説2を読めばヒントがみつかります。解説3は，応用編です。抽象的な概念や理論的な説明が出てきますが，是非とも挑戦してください。また，各章には，まとめの欄があります。いったい自分は何を考え，学んだのか，その過程を振り返り，自分自身の言葉で記しておきましょう。知識が定着するはずです。

論理的に考え，自分の言葉で表現できるようになることが目標です。まずは，一人ひとりが頭をひねってよく考えて，ひねり出したことを書き出してみましょう。書くという作業を通じて自分の考えを表現する言葉がみつかったら，次は，声に出して，クラスメイトと意見を交換してみましょう。各章には，討論ポイントとして，二つの論点が用意されています。授業の内外で話し合ってください。一人で考えていた時には気づかなかった新しい発見をしたり，自分の考えをよりいっそう深める機会になるでしょう。

議論をしていくうちに，授業で学んだこと以外に，もっと情報が必要だと感じたら，図書館へ行って，本を手に取ってみましょう。無数の本が皆さんを待っています。といわれても，どれを手にとったらよいかわからないという人は，まずは，参考文献に挙がっている本に目を通してください。学生の皆さんに読んでほしい，読めるようになってほしい本を厳選して載せています。

アクティブラーニングという言葉を聞いたことがありますか。学生が能動的に授業に参加して学びを深めることをいいます。しかし，大教室で行われることが多い国際関係論の授業では，手を挙げて発言することに躊躇してしまうかもしれません。一つの理由は，考えをうまく表現する自信をもてないからではないでしょうか。解説文の理解，書き込み，討論と，各章のステップを踏むことで，自分の考えを表現する言葉がみつかるはずです。自信をもって，声に出してみてください。

国際関係論をアクティブに学ぶという類書をみない着想を得たのは，ナカニシヤ出版営業部の面髙悠氏との会話のなかからでした。その後，関西外国語大学の同僚二人とともに，学生の関心を引きつけ，積極的な授業参加を促すにはどうしたらよいか，議論を重ねてアイデアを共有し，構想を練り上げました。各章を分担して執筆しましたが，相互に率直な意見交換を行い，統一性を図っています。最後になりますが，企画から出版まで，常に丁寧な作業と温かい言葉で私たち著者一同を支えてくださった米谷龍幸氏をはじめ，ナカニシヤ出版編集部の皆さまに厚く御礼申し上げます。

編著者代表
小田桐 確

# 目　次

# 第1部
# 主権国家体制と平和

# 第1章　グローバル化する世界

## 1-1 「グローバル化」と私たちの日常生活

Q. 1-1 私たちの日常生活において，グローバル化は具体的にどのようなところに見出されるでしょうか。

A. 1-1

【解説 1】

私たちは，どのような世界を生きているのだろうか。この問いに対してはさまざまな答えがありうるだろうが，その一つとして，私たちが生きる現在の世界は「グローバル化（globalization）」が進んだ世界であると答えることができる。グローバル化とは，ヒト・モノ・カネ・情報が国境を越えて自由に移動し，世界全体が一体化する現象を意味する。多数の観光客が各地を訪れ，多様な国から来た労働者が店舗や工場で働き，さまざまな外国製品が販売され，外国の企業が日本へ進出して日本の企業を買収し，手に持ったスマートフォンで世界中の人々に瞬時にメッセージを送ることができる。このような現状をみれば，今の世界でいかにグローバル化が進んでいるかがよくわかる。私たちの身近なところで，国境を越えたグローバル化の進展を見出すことは難しいことではない。

グローバル化は，人々や企業などが自国の「外」へと出るようになることだけでなく，他国の人々や企業などが自国の「内」にやってくるようになることも意味しており，後者の現象は「内なる国際化」とも呼ばれる。表 1-1 を見てみよう。これは，2010 年以降の訪日外国人（外客）と日本から海外へ出国した日本人の数を示したものである。海外へ出る日本人は大きく増減し

表 1-1　訪日外客数と出国日本人数[1)]

| | 2010 | 2011 | 2012 | 2013 | 2014 | 2015 | 2016 |
|---|---|---|---|---|---|---|---|
| 訪日外客数 | 8,611,175 | 6,218,752 | 8,358,105 | 10,363,904 | 13,413,467 | 19,737,409 | 24,039,700 |
| 出国日本人数 | 16,637,224 | 16,994,200 | 18,490,657 | 17,472,748 | 16,903,388 | 16,213,789 | 17,116,420 |

1）出典：日本政府観光局（JNTO）統計データ（訪日外国人・出国日本人）〈https://www.jnto.go.jp/jpn/statistics/visitor_trends/index.html（確認：2018 年 1 月 31 日）〉

ていない一方，日本政府による観光政策などの効果で，日本を訪れる外国人の数は，2011 年から 2016 年の 5 年間で約 4 倍に増加している。日本国内で生活し仕事をしている人でも，至る所で海外から来た人々と関わりをもつようになってきており，国内にとどまり続けている人々にとってもグローバル化は無関係なものではなくなっている。私たちは果たして，グローバル化する世界のなかでどのように生きることが可能であり，また，この世界についていかに考えることができるのだろうか。まずは，今に至るグローバル化の歴史と現状を掘り下げて知るところからはじめてみよう。

## 1-2　グローバル化の歴史

**Q. 1-2**　グローバル化は，いつ，なぜ，どのようにして進んできたのでしょうか。

**【解説 2】**

グローバル化の起源については，大きく分けて三つの見方がある。第一は，1970 年代にその原点を求める見方である。その頃，米国が主導する形で国境を越えた貿易と投資が活発になり，国際的な自由市場の拡大が起こったほか，今日のインターネットへ至る情報技術の発達がみられ，国際的な情報化が進展した。これによって，膨大な量のモノやカネ，そして情報が世界を飛び回る現在の世界が形成されたのである（☞第 15・第 16 章）。

第二は，16 世紀の近代にその源流を求める見方である。近代欧州の大航海時代以降，新大陸の発見や世界一周を通じて，地球全体を比較的正確に認識できる人々が現れ，世界地図の発明などによって，世界全体を見渡し理解することが可能となった。このことが，現在の私たちに通ずる「グローバルなものの考え方・見方」の起源であるとされる。

そして，第三の見方は，近代以前へとさらに時代を遡って，人類史の原点にグローバル化の端緒を求める。アフリカ大陸からの人類の拡散にはじまり，人類が世界中を移動してきた歴史そのものに，程度差はあれグローバル化の現象を見出すことができるのである。

グローバル化の過程を巨視的にみることで，人類史の全体を国家や地域の単位ではなく世界規模で捉える「グローバル・ヒストリー」の歴史叙述が可能となる（クロスリー 2012）。この歴史叙述に含まれる世界システム論（world-systems theory）は，近代以降の世界では国家を越えた経済的な関係が深まる一方で，政治的には世界全体が統一されず各国に分断されている状況が続いていることを指摘し，そこに日本を含む先進国の経済発展，各国間の絶え間ない経済競争，そして，世界の貧困・格差問題などの原因を見出している（ウォーラーステイン 1997）。

人類の歴史全体にも通底して見出されるこうしたグローバル化の現象は，今やさまざまな領域や次元に広がっている。国境を越えて移動する人々や貿易・投資の増大は，経済の次元でのグローバル化である。経済的なグローバル化の進展は，次第に世界的な貿易のルールやその遵守を求めるようになり，また，科学技術や地球全体の環境に関わるグローバルな課題を生み出してきた。そこで，各国間で世界規模の諸問題について話し合い，法を定め，その執行を担う国際組織を形成することが要請され，政治の次元のグローバル化の進展につながる。しかし，異なる国の間で共通のルールを定め，互いの利害や立場を乗り越えて協力するためには，考え方や価値観の違いが問題となり，そこで，文化の次元のグローバル化が追求されることになる。したがって，今日のグローバル化する世界について考えるためには，経済・技術・環境・法・政治・文化など，さまざまな次元や領域を横断しなければならないのである。

A. 1-2

## 1-3　グローバル化をめぐる評価と論争

**【解説 3】**

あらゆる領域や次元に広がっている今日のグローバル化は，この現象を肯定しさらに拡大しようとする人々の意思によって推し進められてきた。「グローバル化をさらに進めるべきだ」という考え方をグローバリズム（globalism）と呼ぶ。この考え方をもつ人々は，グローバル化によって，世界の経済が国境を越えて一体化し，より多くの人々が豊かになり，また，国境を越えてつながり合った世界では，多数の国々を巻き込む大規模な戦争は非現実的となるため，世界はさらに平和になると主張する。グローバリズムは，これまで世界中の多くの国々に浸透し，支持者を増やしてきた。

他方で，米国が主導してきた今日のグローバリズムは，米国が自らの文化やルールなどを世界各国へ輸出しようとする考え方にすぎないのではないかとも指摘されてきた。世界中に米国の企業が進出し，製品を販売したり，米国の映画や音楽が高い人気を得ていることは，その表れであるとされる。こうした視点からは，現代のグローバル化とは「アメリカ化（Americanization）」であるということができる。グローバリズムは，社会のさまざまな分野で自由競争を促進することをよしとする市場万能主義と表裏一体であり，米国主導の世界を作り出そうとする考え方であると批判する立場からは，「反グローバル化」の主張も提起されている。

「反グローバル化」は，「アメリカ化」への反対のほか，まさにグローバル化を推進してきたとされる米国を含む各国で，自国とその国民を第一に優先しようとする考え方とも結びついている。国境を越えて多種多様な人々が互いに交流し，世界規模で経済関係が深まることは，「自他」の違いを意識させることにつながり，他者とは違う「自分たち」（同一の国や宗教に属する者たちなど）の結束を強める現象を各地で生じさせている。しかしながら，グローバル化に反対する人々は，現在のグローバル化を肯定する世界中の人々に自らの主張を届け，賛同者を増やす必要があり，「今のグローバル化に反対するためにはグローバルに行動しなければならない」というパラドックス（逆説）がみられるのである（ベック 2017）。こうした状況から，グローバル化の内実の是非をどう捉えるかの違いはありえるとしても，グローバル化の現象そのものや，その進展の過程からは誰もが逃れられない世界になりつつあるといえよう。「いかなるグローバル化が望ましいのか」をめぐる議論も展開されているのである（ヘルド 2007）。

現代のグローバル化は，賛否を伴いながら，近代以降に進展してきたものである。そして，まさしくその近代以降の時代は，世界が多数の国々に分断され，各国が苛烈な戦争を展開し，世界各地で暴力や貧困などの社会問題が多発するといった深刻な諸問題を抱える「国際関係」（国家と国家の関係）が形作られ，確立してきた時代でもある。なぜ，国境を越えて世界が一つになっていく「グローバル化」の現象と，複数の国々が並び立つ「国際関係」の形成とが，同時に進行してきたのだろうか。この矛盾しているようにもみえる現在の世界の実態と今後の行方を，私たちはどう分析することができるのだろうか。

**まとめ** 本章で学んだことを自分自身の言葉でまとめてみましょう。

________________________________________

________________________________________

________________________________________

________________________________________

________________________________________

【討論ポイント】

(1) グローバル化は，現代の私たちの生き方や考え方にどのような影響を及ぼしていると考えられますか。本章の内容を踏まえつつ，あなたの見解を示してみましょう。

(2) グローバル化の進展について，いかなる立場の人々が，どのような理由によって，賛同または批判する意見を主張しているのでしょうか。さまざまな主張を調べたうえで，グローバル化のメリットとデメリットを考えてみましょう。

【参考文献】

①正村俊之『グローバリゼーション――現代はいかなる時代なのか』有斐閣，2009年。

②木村雅昭『「グローバリズム」の歴史社会学――フラット化しない世界』ミネルヴァ書房，2013年。

③スティーガー，M. B.『グローバリゼーション 新版』櫻井公人・櫻井純理・高嶋正晴（訳），岩波書店，2010年。

【引用文献】

ウォーラーステイン，I.『史的システムとしての資本主義 新版』川北　稔（訳），岩波書店，1997年。

クロスリー，P. K.『グローバル・ヒストリーとは何か』佐藤彰一（訳），岩波書店，2012年。

ベック，U.『変態する世界』枝廣淳子・中小路佳代子（訳），岩波書店，2017年。

ヘルド，D.（編）『論争 グローバリゼーション――新自由主義対社会民主主義』猪口　孝（訳），岩波書店，2007年。

# 第2章 国　家

## 2-1 現代世界における国家

Q. 2-1 あなたはどのようなときに，国家を意識しますか。日常生活を振り返り，日本や米国，中国など実際の国をイメージして，具体的に答えてみましょう。

A. 2-1

**【解説 1】**

私たちは，家族や身近な人々をはじめ，親類，友人，知人のほか，自らが住む街の住民など，周囲の多くの人々とともにさまざまな集団，組織，共同体のなかで生きている。国家の存在は，このように普段私たちを取り囲んでいる人々と同じように，強いつながりを感じられるものではないかもしれない。しかし，現在の世界は複数の地域（図 2-1）のなかに存在する数多くの国家を中心として動いている。国家は，私たちが属する集団のなかで最も規模の大きいものであり，また世界全体と人々をつなぐ重要な存在である。それでは，国家とはいったい何なのだろうか。

日本語の「国家」は，英語では複数の語（country, state, nation）で表され，郷里や故郷としての国家（country），統治機構や政府の意味での国家（state），そして国民からなる国家（nation）など，複数の意味を含む言葉である。国家という言葉が使われる文脈や話者の意図によって，それが何を意味しているのかは異なる。国際関係論では，国家は，「国民」とその国民が住む「領土」，そして，その領土を支配し，他国と関係を取り結ぶ力である「主権」という三つの要件（国家の三要素）をすべて満たす共同体を指す。これらの要件に合致する独立した国家として，国際連合（国

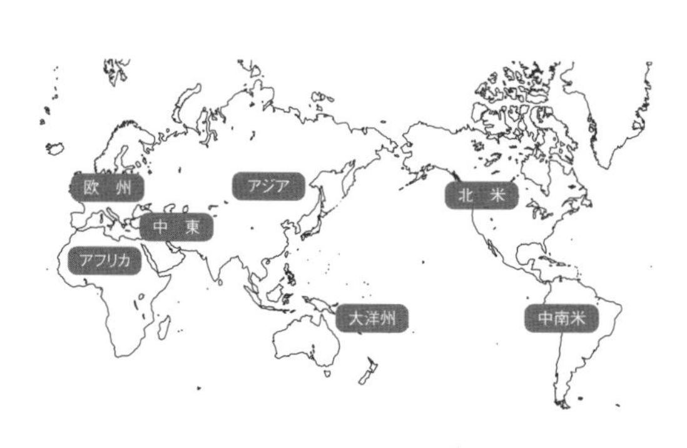


図 2-1　世界の主要地域 [1]

1）出典：外務省 HP「国・地域」〈http://www.mofa.go.jp/mofaj/area/index.html（確認：2017 年 12 月 26 日）〉を基に作成。

連）に加盟している国家は，193か国ある（☞第9章）。その一方で，各国の政府が独立国家として承認している国家の数は，国によって異なっている。2018年3月現在，日本政府が承認している国家の数は，195か国である。よって，日本では，日本を加えた196か国が，世界の国家の数であるとされる。

## 2-2　主権国家からなる世界

**Q. 2-2**　現代の国家とその国家からなる国際関係には，いかなる特徴がみられるのでしょうか。

**【解説2】**

現代の日本のような国家は，国境線で区切られた領土とそこに生きる国民からなる「主権国家」であるとされる。主権とは，至高の権力であり，領土内の人々を他の力を排して支配する唯一の権力を意味する。そのため，主権を有する国家は，「ある一定の領域の内部で［…］正当な物理的暴力行使の独占を（実効的に）要求する人間共同体」（ヴェーバー 1980：9）などと定義されてきた（☞第3章）。この権力を有する主権国家は，理念上，互いに他国の干渉を許さず（内政不干渉原則），独立し，対等な立場にあるとされる（☞第4・第26章）。こうした複数の主権国家が並び立つ世界を「主権国家体制」と呼ぶ。

主権国家体制は，歴史的には，17世紀の欧州で発生した三十年戦争を終わらせるためのウェストファリア条約（1648年）におおよその起源があるため，ウェストファリア体制とも呼ばれている。キリスト教内部のカトリック（旧教）とプロテスタント（新教）の宗派対立によって30年間も続いた戦争を終結させるため，同条約では，中世以来，欧州の政治に大きな影響力を有してきたローマ・カトリック教会の権威が縮小され，各地の統治はそれぞれの君主に委ねられることを定めた。ウェストファリア条約締結以降の近代欧州では，次第に各国家が他の国家やカトリック教会などの支配を排して，自ら領土を治める主権国家として振る舞うようになる（☞第3章）。しかし，英国やフランスなどの欧州の大国は，対等な主権国家として認めていないアジアやアフリカなどの国々を植民地として獲得し，支配域を広げようとした。18世紀末の米国をはじめ，植民地支配からの独立を勝ち取った国々や，明治期の近代日本のように植民地支配を免れようとした国々が，欧州各国と対等な立場となりうる主権国家を目指すことになった。アジア，アフリカ，中東などの各地域で多くの植民地が独立を果たした20世紀後半には，主権国家体制が地球全体へと拡大したのである。

近代以降の主権国家体制は，各国内に対する最高の権力をもつ独立国家からなる国際関係として成立しており，世界全体を統治する世界国家は存在しない。この点から，主権国家体制は，世界政府が不在の「無政府状態（anarchy）」であると表現される。国連であっても，各国間の争いや対立を収め，世界中の人々に共通のルールを守らせるような強制力はもっていない（☞第8・第9章）。ゆえに，国家は基本的に，自国民を守るために自助努力をしなければならないのである（☞第7章）。

A. 2-2

____________________

____________________

____________________

____________________

## 2-3 主権国家間の関係をめぐる理論と現実

**【解説3】**

世界政府なきアナーキーな現在の世界では，人々の身の安全や豊かな生活を保障するための責任は原則として各主権国家にある。ゆえに，各国家は，自国の独立と安全などの自国の利益，つまり，「国益」を維持・拡大するために，軍事力や経済力などの「パワー（権力）」をもとうとする。アナーキーな世界のなかで，主権国家がもつパワーの存在や国益の追求という現実を直視しながら平和を追求する理論を「リアリズム（realism）」という（☞第32章）。国際関係論におけるリアリズムは，主権国家の強大なパワーがぶつかり合い，凄惨な殺戮へと発展した二度の世界大戦を受けて登場した。第二次世界大戦直後に体系化された初期のリアリズムは，今日では「古典的リアリズム（classical realism）」と称されている。その第一人者であるハンス・モーゲンソーは，独立した各主権国家がそれぞれの国益を指標として外交を展開することで，文化や考え方の異なる諸国家が共存する方法を提唱した。モーゲンソーによれば，各国家は，しばしば自国のパワーを拡大する欲求にとらわれ，国家間の緊張関係を高めてしまう（モーゲンソー 2013；☞第3章）。そのため，パワーの釣り合いを保つ「勢力均衡（balance of power）」の維持によって，互いにパワーを制限することが重要となる。

しかし，国益を計算し，外交政策を打ち立てる国家の指導者（政府）が暴走して，国益の名のもとに国民を虐げ，圧政を敷く恐れはないだろうか。ジョン・ロックに代表される近代の自由主義思想は，国内において圧政から人々の自由を守るために，権力分立などの手段によって国家の権力を制限すべきであると主張してきた（ロック 2010）。国際関係論における「リベラリズム（liberalism）」の理論は（☞第32章），こうした思想を受け継ぎ，国際関係のなかで主権国家がもつパワーを制限するために，国際組織を形成することなどを求めてきた（☞第8・第9・第20章）。リベラリズムは，また，リアリズムが前提とするような各国家の国益がぶつかり合う緊張状態を緩和して，国家間の協調関係を作り出していくために，主権国家の動きとは別に，人々が国境を越えて自由に活動することの意義を強調する（☞第13・第19章）。

このように，主権国家間の関係について，リアリズムは対立の可能性という現実に着目し，リベラリズムは協調の可能性を説いてきた。実際の国際関係には，これら両方の可能性が潜んでいる。主権国家体制を分析するうえでもリアリズムとリベラリズムが一対となって国際関係理論の大きな潮流をつくりあげてきた。したがって，リアリズムとリベラリズムの双方の理論から世界全体を見渡して，国際関係を複眼的に考えなくてはならない（☞第32章）。

まとめ　本章で学んだことを自分自身の言葉でまとめてみましょう。

【討論ポイント】

(1) 各国政府がそれぞれの国益を一番に追求して行動することには，どのような意義や問題点が見出されるでしょうか。あなた自身の考えを示し，議論してみましょう。

(2) 主権国家が確立されているはずの欧州において，なぜ国家の分離独立運動が起こってきたのでしょうか。これまでに展開されてきたスコットランドやカタルーニャなどの独立運動の詳細やその背景を具体的に調べ，人々が国家の分離独立を求める理由について考えてみましょう。

【参考文献】

①高澤紀恵『主権国家体制の成立』山川出版社，1997年。
②岸野浩一「勢力均衡」押村　高（編）『政治概念の歴史的展開 第7巻』晃洋書房，2015年，pp. 203-222。
③モーゲンソー，H. J.『国際政治――権力と平和 上・中・下』原　彬久（監訳），岩波書店，2013年。

【引用文献】

ヴェーバー，M.『職業としての政治』脇　圭平（訳），岩波書店，1980年。
ロック，J.『統治二論 完訳』加藤　節（訳），岩波書店，2010年。

# 第3章　戦　　争

## 3-1　戦争の歴史

Q. 3-1　戦争について知っていることを書き出しましょう。いつ，どこで，どのような戦争が起き，どういった結果をもたらしたでしょうか。

A. 3-1

**【解説 1】**

「戦争」と聞いても，日常生活からかけ離れていてピンとこないという人が多いかもしれない。とはいえ，米軍によるアフガニスタン攻撃（2001年），イラク攻撃（2003年）などを耳にしたことがあるだろう。2017年に北朝鮮の核ミサイル開発が進むにつれ，日本が核戦争に巻き込まれるかもしれないと初めて実感した人もいたのではないか。

戦争とは，国際法上は，国家間においてなされる武力行使のことをいう。国際関係の歴史は，まさに戦争の歴史でもある。規模の大きい（犠牲者の多い）戦争に限っても，四つの大戦を経験してきた。そもそも，17世紀半ばの欧州が近代主権国家体制を生み出したきっかけは，カトリック教徒とプロテスタント諸派の間で勃発した三十年戦争（1618–48年）であった（☞第2章）。そのおよそ150年後には，市民革命の成果を周辺諸国へ広めようと目論むフランスと対仏大同盟諸国が，フランス革命・ナポレオン戦争（1792–1815年）を戦った。

**図 3-1　真珠湾で日本軍の攻撃を受けた米軍の戦艦アリゾナ** [1]

20世紀に入ると，人類は，二つの世界大戦を経験することになる。第一次世界大戦（1914–18年）では，ナショナリズムの対立や軍備拡張競争を背景に，三国協商（英国，フランス，ロシア）と三国同盟（ドイツ，オーストリア，イタリア）が対峙した（ただし，イタリアは，開戦後に中立を宣言し，1915年に協商側で参戦した）。また，1939年9月，アドルフ・ヒトラー率いるドイツ軍が隣国ポーランドに侵攻し，第二次世界大戦が勃発する（☞第15章）。日本は，1940年9月に日独伊三国同盟を締結すると，翌年12月8日（日本時間），

1）出典：“USS Arizona, at height of fire, following Japanese aerial attack on Pearl Harbor, Hawaii,” 1941. Prints and Photographs Division, Library of Congress. Reproduction Number LC-USZ62-104778. 〈http://www.americaslibrary.gov/jb/wwii/jb_wwii_pearlhar_1_e.html（確認：2018年2月16日）〉

米国領ハワイの真珠湾と英国領マラヤ（現マレーシア）を奇襲攻撃し，参戦した（☞第31章）。だが，1945年に入ると，ドイツは5月に，日本は8月に，それぞれ無条件降伏し，米英ソを中心とする「連合国（the United Nations）」の勝利で終戦を迎えることとなる。

この間，戦争の仕方にも変化がみられた。19世紀に産業革命を経るまでの戦闘は，人力や馬力を活用するにとどまっていた。だが，科学技術が発達するにつれ，武器の高度化が進む。第一次世界大戦中には，機関銃，戦車，毒ガスなど，殺傷力の高い兵器が実践で用いられた。また，鉄道の敷設に伴い，大規模かつ迅速な動員が可能になると，前線（軍人）と銃後（文民）の区別が曖昧になり，限定戦争から総力戦へと変化した。第二次世界大戦では，爆撃機による都市への大規模な空爆が行われ，大戦末期には，核兵器が使用されるに至る。結果として，第一次世界大戦で約1500万人，第二次世界大戦で約5500万人という多数の犠牲者を生む事態となったのである。

## 3-2　戦争の原因

**Q. 3-2** 戦争は，なぜ起きるのでしょうか。原因を考えて，書き出しましょう。

**【解説2】**

国際政治学者のケネス・ウォルツは，戦争原因を考察するにあたり，三つの分析レベル（イメージ）を区別するよう説いた（ウォルツ 2013）。第一イメージとは，動物としてのヒトの攻撃衝動や，性悪説など人間としての本性，特定の個人の性格（パーソナリティ）といった，人間のレベルに戦争の原因を求める見方である。たとえば，ハンス・モーゲンソーは，すべての人間が生まれながらにもつ支配欲や権力欲に戦争の原因を見出した（モーゲンソー 2013；☞第2章）。それに対し，第二イメージとは，国内の政治体制や政策決定過程など，国家の性格に戦争原因を求める見方である。民主主義体制であるか否かが戦争をめぐる国家の行動選択に影響を与えるとの議論が，第二イメージの典型例である（☞第29章）。

ウォルツ自身が理論的に立脚するのは，第三イメージである。これは，国際システムの構造を重視する見方である（ウォルツ 2010）。世界中央政府を欠くアナーキーな（無政府状態の）国際システムにおいては，国内社会とは異なり，（警察や裁判所などの）戦争を止める存在がない（☞第2章）。ゆえに，戦争はいつ起きてもおかしくない。ただし，その発生確率は，力の分布状況によって異なる。力の分布状況は，「極」という言葉で表される。「極」とは，大国である。ウォルツによれば，三つ以上の大国を擁する多極システムに比べ，二大国から成る二極システムのほうが安定度が高い（二極安定論）。強力な同盟国の候補が存在せず，自国の軍備拡張（自強）という選択肢しか存在しないがゆえに，二大国間では誤算が生じにくく，アナーキーに特有の不確実性が比較的緩和されるという。

同じく国際システムの構造を重視する立場をとりながらも，戦争原因について異なる議論を提起したのが，ロバート・ギルピンである（Gilpin 1981）。ギルピンの覇権安定論によれば，戦争が最も起こりやすいのは，大国間の力の差が接近したときである。なぜなら，最も強力な大国（覇権国）が築いた国際秩序に対して不満をもつ挑戦国が現れ，「覇権戦争」が生じる恐れが高いからである。逆に，覇権国と他の大国との間の力の格差が大きく開いている状況では，覇権国が創出した現状に対する他国からの挑戦は起こりにくいとされる。

A. 3-2

## 3-3 戦争観の変遷

【解説 3】

国際社会は，戦争をどのように捉え，管理しようとしてきたのか。三十年戦争後のウェストファリア講和条約（1648 年）によって生まれた近代主権国家体制が確立する以前の，中世の欧州をみてみよう（☞第 21 章）。当時の主流の戦争観は，「正当戦争論」であった。これは，「善い戦争」と「悪い戦争」を判別できるとする見方であり，前者は合法的に認められ，後者は違法行為として禁じられた。17 世紀に活躍した「国際法の父」フーゴー・グロティウスによれば，戦争が許容されるのは，自己防衛，奪われた財産の回復，悪しき行為に対する処罰のうちのいずれかを理由とする場合に限られた。当時，戦争の善悪を判定するのは，ローマ・カトリック教会の教皇（法王）であった。

18 世紀に入り，近代主権国家体制が定着するにつれ（☞第 2 章），国家が戦争に訴える権利を無制限に許容する「無差別戦争観」が広く共有されるようになる。三十年戦争後，ローマ教皇の権威が失墜するにつれ，主権国家の上に立ち，戦争の善悪を一義的に判定できる存在はいなくなった。すべての国家が主権（至高の権威）を有する対等な存在なのであるから，特定の戦争の善し悪しの判断は，各国家自身に委ねられることになる。原理上，善い戦争と悪い戦争を区別できなくなったのである。戦争は，国家間の利害対立を解決する最終手段と捉えられた。19 世紀プロイセン（現ドイツ）の軍人カール・フォン・クラウゼヴィッツは，「戦争は政治の延長である」と喝破した（クラウゼヴィッツ 2001）。

だが，19 世紀に産業革命が進展し，兵器の破壊力が増大すると，大規模な人的・物的被害を前に，人類は，戦い方の規制（交戦規則の制定）に乗り出す。1899 年と 1907 年の二度にわたり開催されたハーグ平和会議では，非人道的な兵器（毒ガス，ダムダム弾）の使用を制限するとともに，捕虜の取り扱い，宣戦，中立時の規則などの合意に至った。「不必要な苦痛」を与える「非人道的な兵器」を規制する取り組みは，21 世紀に至るまで続けられている。1997 年には対人地雷禁止条約（オタワ条約），2008 年にはクラスター爆弾禁止条約（オスロ条約）が採択された。また，生物兵器，化学兵器についても，開発や保有を禁ずる条約が制定されている（☞第 22 章）。

しかし，戦闘方法を規制するこうした取り組みにもかかわらず，総力戦として戦われた第一次世界大戦では，主要な戦場となった欧州において，多数の死傷者と甚大な破壊を生むことになった。そこで，大戦後の 1920 年 1 月，国際連盟が設立されると，その規約において，「戦争の違法化」が明記された。戦い方の制限にととまらず，戦うこと自体が禁止されたのである。近代主権国家体制を特徴づけてきた「無差別戦争観」から脱する大きな転換点であった。紛争解決の手段として戦争に訴えることを違法とみなす戦争観は，不戦条約（1928年），国際連合憲章（1945年）に引き継がれ，今日に至っている（☞第8・第9章）。

**まとめ** 本章で学んだことを自分自身の言葉でまとめてみましょう。

____________________________________________________________

____________________________________________________________

____________________________________________________________

____________________________________________________________

____________________________________________________________

**【討論ポイント】**

（1）国際連合教育科学文化機関（UNESCO）憲章は，前文で，「戦争は人の心の中で生まれるものであるから，人の心の中に平和のとりでを築かなければならない」と述べています。この言葉を聞いて，どのように考えますか。本章で学習した内容を踏まえて，話し合いましょう。

（2）不戦の約束にもかかわらず，戦争が起きるのはなぜでしょうか。本章の解説では取り上げられていない戦争発生の原因を考え，調べてみましょう。

**【参考文献】**

①植木千可子『平和のための戦争論――集団的自衛権は何をもたらすのか？』筑摩書房，2015年。

②橋爪大三郎『戦争の社会学――はじめての軍事・戦争入門』光文社，2016年。

③ベイリス，J.・ウィルツ，J.・グレイ，G.（編）『戦略論――現代世界の軍事と戦争』石津朋之（監訳），勁草書房，2012年。

**【引用文献】**

ウォルツ，K.『国際政治の理論』河野　勝・岡垣知子（訳），勁草書房，2010年。
ウォルツ，K.『人間・国家・戦争――国際政治の3つのイメージ』渡邉昭夫・岡垣知子（訳），勁草書房，2013年。
クラウゼヴィッツ，C. V.『戦争論 上・下』清水多吉（訳），中央公論新社，2001年。
モーゲンソー，H. J.『国際政治――権力と平和 上・中・下』原　彬久（監訳），岩波書店，2013年。
Gilpin, R., *War and Change in World Politics*, Cambridge: Cambridge University Press, 1981.

# 第4章　内　　戦

## 4-1　現代の紛争の主流形態としての「内戦」

Q. 4-1 「内戦」という言葉を聞いて何を連想しますか。「(国家間）戦争」との違いは何でしょうか。

A. 4-1

【解説 1】

国際法においてもまた一般の印象においても，「戦争」と聞けば，たとえば，日本対米国，インド対パキスタン，エジプト対イスラエルなどのように「国家対国家の武力紛争」を指すと考えるのではないだろうか（☞第 3 章）。しかしながら，冷戦後の国際関係においてはそのような国家対国家の武力紛争としての戦争はきわめて少数になっており，年によっては 1 件も起こっていないこともある。他方で，武力紛争の圧倒的多数を一貫して占めているのが内戦（国内紛争）である。もちろん，内戦は，冷戦期から紛争の多数を占めてきた。しかし，冷戦後は国家間戦争がほとんど起こらなくなったため，熾烈化する内戦が注目を集めるようになったのである。

内戦は，のちに周辺諸国や利害をもつ大国などが関与して国際化したものも含むが，そのはじまりは国内の政府と反政府勢力の対立から生じる。こうした武力紛争を，近代主権国家ができる以前の中世欧州の紛争に類似しているとする見方もある。20 世紀以降の内戦は，部族的・民族的同種性や宗教，イデオロギーなどを目的とし，兵士の動員も，国家間の戦争のように徴兵制や愛国心への訴えかけではなく，恐怖や宗教などの政治的利用によって行われることが多い。武力紛争への参加者も，国家の正規軍以外に，義勇兵，犯罪組織，外国人傭兵，テロ組織など多様化しており，子ども兵士を含む準軍事組織も跋扈している。また，国家間戦争であれば戦争のための資金は国民からの徴税という形で賄うが，近年

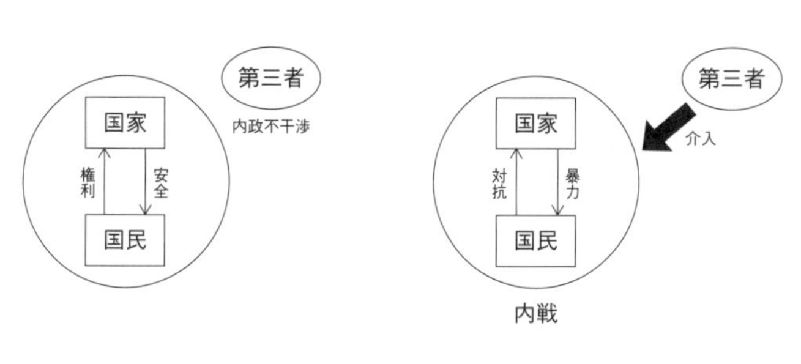


図 4-1　内戦状態（著者作成）

の内戦では各武装勢力が恐怖によって支配した地域で独自に行う経済活動（麻薬取引，石油やダイヤモンドなど天然資源の闇取引，文化財の略奪・闇取引，売春，人身売買など）が戦闘の資金源となっている（ラムズボサム他 2010）。メアリー・カルドーは，こうした近年の内戦を「新しい戦争」と呼んでいる（カルドー 2003）。現地国政府がこうした内戦への対応能力を欠いているため，内政不干渉原則（☞第2章）を前提としたままではいつまでも内戦は終わらない。国際社会は，内政不干渉と人道的な見地からの干渉との板挟みになり，対応に苦慮している（☞第26章）。

以上のような近年の内戦の特徴を理解したうえで，次に，具体的な内戦の事例に進んでみよう。

## 4-2　内戦の事例：ルワンダとシリア

**Q. 4-2**　現代の内戦（政府軍 vs. 反政府軍）には，どの国家・地域の，どのようなものがあるでしょうか。特徴をまとめてみましょう。

**【解説 2】**

1994年4月，ツチ族とフツ族という二つの民族が住むルワンダというアフリカの小さな国で，フツ族の大統領が暗殺されるという事件が起こった。これをツチ族の仕業だと考えたフツ族の過激派民兵が，全土でツチ族とフツ族穏健派の虐殺を行った。その後わずか約3か月の間に80万人以上が虐殺され，現地に国連平和維持活動（PKO）の部隊が駐留したにもかかわらず，これを止めることができなかった国際社会は，強い衝撃を受けたのであった。虐殺後，フランスを中心とする多国籍軍が人道的介入（☞第26章）を行い，その後ツチ族の反政府軍が全土を掌握した。フツ族政府に代わって，ツチ族が政権を握ることになった。

ルワンダの国連PKOは事前に虐殺を察知していたものの，強制措置をとる権限を与えられなかったために，虐殺を傍観することしかできなかった。国際社会は，今でもこのルワンダ内戦の悲劇を二度と繰り返してはならないという考えのもと，熾烈化した内戦にどのように介入すべきか模索している。このルワンダ大虐殺は『ホテル・ルワンダ』などいくつかの映画で取り上げられている。

もっと最近の事例を取り上げてみよう。シリア内戦である。ニュースなどで見聞きしたことのある人もいるだろう。現在シリアでは，バッシャール・アル＝アサド大統領側の政府軍と反体制派の反政府軍が激しく戦っている。内戦が熾烈化したため政府の統治が及ばない地域が広がり，そこに「イスラム国（IS）」のような過激派が入り込んで統治をはじめている（☞第22・第26章）。日本人2名も犠牲になったISの残虐な手口による恐怖支配は，メディアなどでもよく知られているところである。これによりシリアからは大量の難民が周辺国のみならず世界各地へ移動しており，深刻な人道問題に発展している。

1970–71年のクーデター以来，40年以上にわたってアサド一家による独裁政治が続いてきたシリアでは，監視・抑圧されてきた市民の不満がたまっていた。2010年12月にチュニジアで起こった民主化運動が翌年に周辺国へ飛び火し，エジプトやイエメンなど長年独裁政権が続いてきた国々で次々と政権が倒れ（「アラブの春」），それがシリアにも及んだ。その市民のなかの強硬派が「自由シリア軍」を名乗り，武装して政権への攻撃を始めたため，内戦は熾烈化した。この内戦は周辺国や大国の思惑が絡んで国際化し，米国，欧州連合（EU），トルコ，サウジアラビアなどは独裁者のアサド大統領の退陣を求め，反政府勢力を支援した。他方，欧米諸国の影響力増大を嫌うロシアや中国，また，サウジアラビアのライバルであるイランがアサド政権を支援し，内戦の構造がより複雑になって，ますます解決が困難になっている。

A. 4-2

## 4-3 内戦の要因

**【解説 3】**

内戦の要因は場合によってさまざまであり，一般化は難しい。すでに触れたように，シリア内戦は長年の独裁政治に対する市民の不満という国内的な要因と，周辺のアラブ諸国で起こった民主化運動とそれに続く政権崩壊という国際的な要因が組み合わさって生じた。ここでは，前節で挙げたもう一つの事例，ルワンダ内戦の要因について解説しよう。

なぜツチ族とフツ族という二つの異なる民族がお互いを憎み合い，大規模な虐殺にまで発展してしまったのであろうか。これを理解するには，そもそも「民族」とは何かについて考えてみる必要がある。我々はよく日本のことを「単一民族国家」と呼ぶが，果たして日本は本当に単一民族の国だろうか。歴史をひもとけば，アイヌ民族，琉球民族，朝鮮民族など多くの民族が日本に存在したことがわかる。

塩川伸明によれば，血縁，言語，宗教，生活習慣，文化などに関して，「われわれは＊＊を共有する仲間だ」という意識のことをエスニシティ（ethnicity）と呼び，このエスニシティを共有する集団が「自分たちが一つの国またはそれに準ずる政治的単位を持つべきだという意識を共有する集団」へと発展したとき（エスニシティの政治化），それは「民族」になるという（塩川 2008）。しかしながら，この「民族」という集団と，近代国家形成の過程で都合よく引かれた国境線の内側にいる「国民」は，一致していないことのほうが多い（☞第 21 章）。程度の差はあっても，ほとんどの国家のなかには複数の民族が存在し，あるいは，国境を越えて複数の国家に一つの民族がまたがって存在しているのである。ところが，民族と国民という二つの集団を強引に一致させようとしたり，他方を排除しようとした場合に民族紛争が起こりうる。ルワンダ内戦のケースは，まさにこの民族紛争のパターンに合致するものであった。ルワンダの宗主国であったベルギーが，統治を容易にするために生物学的根拠もなく，ルワンダの人々を二つの民族に分けたところに紛争の起源がある。ベルギーがツチ族を優遇した結果フツ族は恨みを募らせ，独立してフツ族が政権を担うようになった後も二つの民族間の反目は続いた。それが最悪の形にまで発展してしまったのが，1994 年に起こった大虐殺であった。

**まとめ** 本章で学んだことを自分自身の言葉でまとめてみましょう。

【討論ポイント】
（1）内戦の解決がなぜ難しいのか，その理由をグループで話し合ってみましょう。
（2）ルワンダとシリアのほかに内戦の事例を探し，この章で学んだことと合致する点と合致しない点を分析してみましょう。

【参考文献】
①月村太郎『民族紛争』岩波書店，2013年。
②桜木武史『シリア 戦場からの声――内戦2012-2015』アルファベータブックス，2016年。
③ Wallensteen, P., *Understanding Conflict Resolution*, 4th edition, London: SAGE, 2015.

**【引用文献】**
塩川伸明『民族とネイション――ナショナリズムという難問』岩波書店，2008年。
カルドー, M.『新戦争論――グローバル時代の組織的暴力』山本武彦・渡部正樹（訳），岩波書店，2003年。
ラムズボサム, O.・ウッドハウス, T.・マイアル , H.『現代世界の紛争解決学――予防・介入・平和構築の理論と実践』宮本貴世（訳），明石書店，2010年。

# 第 5 章　構造的暴力

## 5-1　身近なところに存在する暴力

Q. 5-1 「暴力」という言葉を聞いてあなたが連想するものは何ですか。物理的なもの，精神的なものの両方を含みます。具体的な事例を挙げて答えてみましょう。

A. 5-1

**【解説 1】**

おそらく一般的に「暴力」という言葉を聞いて真っ先に連想するのは，特定の人物や集団が殴ったり蹴ったりして，あるいは，乱暴な言葉を使ったりして，他人を傷つけることではないだろうか。近年，ドメスティック・バイオレンス（DV）という言葉が有名になった。警察庁の統計によれば，婚姻・内縁の関係にあるカップル間の暴力は，2016 年には 7 万件近くに上る（表 5-1）。また，世界的にみれば日本は殺人事件が少ない国だが，その殺人事件の半数以上は親族間で起こっている。身近なところで起こっている，あるいは，起こる可能性のある暴力の事例としては，このようなものが挙がるのではないだろうか。

国際関係であれば，最も大きな暴力の形態として，具体的な戦争（☞第 3 章）をイメージした人もいるかもしれない。戦争では多くの人が命を失い，また，生き残った人にも心に大きな傷を残す。一瞬で何万人もの人々が亡くなった広島と長崎への原爆投下（☞第 22・第 23 章）を，究極の暴力の形として思い描いた人もいるかもしれない。あるいは，近年のシリア内戦（☞第 4 章）のせいで故郷を追われて難民になった多くの人々の姿を想像した人もいるだろう。

ここで暴力についてもっと踏み込んで考えてみよう。果たして暴力とは，そのように加害者を特定しやすく，目や耳で知覚できる性質のものだけなのだろうか。次節で，暴力をより広くとらえて考えてみよう。

表 5-1　警察における配偶者からの暴力事案等の相談等件数 [1]

| | 2012 年 | 2013 年 | 2014 年 | 2015 年 | 2016 年 |
|---|---|---|---|---|---|
| DV 相談件数 | 43,950 | 49,553 | 59,072 | 63,141 | 69,908 |

1）出典：内閣府 HP「警察における配偶者からの暴力に関するデータ」〈http://www.gender.go.jp/policy/no_violence/e-vaw/data/index.html（確認：2018 年 3 月 5 日）〉

## 5-2　暴力の三類型：直接的暴力・構造的暴力・文化的暴力

Q. 5-2　「目に見えない暴力」という言葉を聞いて，あなたがイメージするものを述べてみましょう。その暴力は，人間個人に対するものでも，国際関係におけるものでも，どちらでも構いません。ただし，言葉の暴力は除きます。

**【解説 2】**

ノルウェーの平和学者ヨハン・ガルトゥングによる次の暴力の定義をみてみよう。

「人間の潜在的な身体的・精神的な能力を，その可能性以下に抑圧するような影響力が作用しているとき，暴力が存在する」（池尾 2009：13）。

また，国際政治学者の武者小路公秀は，暴力を次のように説明している。

「ある人々が本来ならばもっと豊かで自由で幸福な暮らしができるはずのところを，何らかの外からの影響力によって，これが実現できないような立場におかれる場合に，そこに暴力がはたらいている」（武者小路 1969：30）。

ガルトゥングや武者小路による暴力の定義の範囲は，日常会話で用いられるものよりも広い。物理的に暴行を加えたり，殺人を犯すといった一般的な意味での暴力は，ガルトゥングの直接的暴力とほぼ同義であり，一方，構造的暴力とは，この直接的暴力に対置される概念である。一般に，脅し（恫喝や恐喝）と呼ばれ，物理的暴力を加えるという脅しに基づく心理的暴力も直接的暴力に含まれると考えられる。脅しが効果を発揮するためには，少なくとも（たとえ実態はそうではなかったとしても）脅された対象が，言うことを聞かなければ次に暴力を振るわれるという実感がなければならないからだ。当初は，直接的暴力と構造的暴力という形で暴力概念の二分化を提示したガルトゥングは，後に三種類目の暴力として，文化的暴力を加えた。

構造的暴力とは，貧困，抑圧，差別といった社会のなかで再生産されている暴力のことを指す。戦争に代表されるような直接的暴力では，暴力を発する側と受ける側が明確に判別できるが，構造的暴力では両者を特定することが難しい。ある社会において人種差別，民族差別，性差別などの差別が蔓延していたとして，そうした差別の加害者を一部の個人や組織に特定することは難しいだろう。また，貧困状態が改善されないまま放置されていたとして，その貧困をもたらしている特定の加害者を名指しで挙げることはできるだろうか。現実には，そのような社会全体に根を張った「暴力」の責任は，あえていうならば社会全体に帰せられることになる。すなわち，構造的暴力とは，行為主体がはっきりしないのに客体が恐怖や苦痛を味わったり，不利益を被ったりしている場合に存在する暴力のことをいう。

文化的暴力とは直接的暴力や構造的暴力に対して人々を盲目にし，感覚を麻痺させてしまうものだ。外部者からは構造的暴力であると認知できる特定の行為・習慣に対する宗教的な理由づけや伝統を尊ぶ保守的な価値観による正当化が図られたとき文化的暴力が存在するとされる。

直接的・構造的・文化的という暴力の三分類を理解するうえで，次の例は理解の助けになるかもしれない。戦争や内戦によって子どもが殺害された場合，それは直接的暴力にあたるが，貧困のせいで適切な医療サービスを受けられず，その結果病気で死んでしまった場合，それは構造的暴力になる。そして，これらの暴力に対して，「それは仕方のないことだ」「当然のことだ」と正当化したり，暴力に対して無感覚にさせたりするような価値観が存在する場合，それは文化的暴力と呼べる（表 5-2）。

**表 5-2　暴力の分類**（上杉・長谷川 2016）

| 暴力の種類 | 行為主体 | 具 体 例 |
|---|---|---|
| 直接的暴力 | 特定可能 | 子どもが殺害される |
| 構造的暴力 | 特定困難 | 貧困のため適切な治療ができず子どもが死ぬ |
| 文化的暴力 | 特定困難 | 子どもの死を正当化し，無感覚にさせる |

A. 5-2

## 5-3　国際関係における構造的暴力とは

**【解説 3】**

では最後に，本章で学んだこの構造的暴力という見方が，国際関係にどのように適用できるか考えてみよう。たとえば，ドキュメンタリー映画の『おいしいコーヒーの真実』や『ダーウィンの悪夢』のなかで描かれているのは，先進国に住む人々が日常的に消費する食料や嗜好品が，いかに途上国の劣悪な生活環境と密接につながっているかを示す事実である。先進国に住む人々は，悪意はなくとも，単に消費するという行為自体が途上国の安い労働力の利用や環境破壊につながっているという事実を普段意識せずに暮らしている。そこでは目に見えるような暴力はなくても，途上国の人々からすれば，貧困や感染症の蔓延を放置する経済システムは構造的暴力として映るだろう。国際関係論の理論には，先進国の豊かさは途上国に対する搾取によって成り立っていると考え，世界経済システムを「周辺」の「中心」に対する従属構造とみる，いわゆる従属論がある（☞第 17 章）。

あるいは，人権規範（☞第 25 章）やジェンダー（☞第 30 章）をめぐって国家間で生じる対立においても，この構造的暴力という概念は有効である。たとえば，一部の国や地域では，女性の教育を受ける権利が著しく制限されている。伝統的に男性・女性に期待される役割というのはそれぞれの社会や文化によって異なるものであるが，現代の人権規範からみて世界中の多くの人々がもはや受け入れられないと考えたとき，そのような伝統を「女性に対する構造的暴力だ」と批判することもあるだろう。民族や宗教などにおいて，他の国家・地域で当然のことと考えられている差別的な伝統や慣習に対して，異なる国家や文化圏の人々が「構造的暴力」という概念を援用して批判を展開することも考えられる。

もちろん，すべての伝統を構造的暴力で説明できるわけではない。批判された側からすれば，それは価値観の押しつけに映る場合もある（☞第 24・第 25 章）。しかし，構造的暴力という概念は，国際関係において単に異質な文化，異質な価値観で済まされていたところに，新たな批判的視点を提供するものであるといえる。

**まとめ** 本章で学んだことを自分自身の言葉でまとめてみましょう。

【討論ポイント】

（1）国際関係において，「構造的暴力」の具体的な事例であるとあなたが考える状況についてくわしく述べてみましょう。

（2）（1）で挙げた構造的暴力の事例に対して，どのような解決手段があるかを考えてみましょう。

【参考文献】

①ガルトゥング，J.『構造的暴力と平和』高柳先男・塩屋　保・酒井由美子（訳），中央大学出版部，1991 年。

②上杉勇司・長谷川晋『紛争解決学入門――理論と実践をつなぐ分析視角と思考法』大学教育出版，2016 年。

③ラムズボサム，O.・ウッドハウス，T.・マイアル，H.『現代世界の紛争解決学――予防・介入・平和構築の理論と実践』宮本貴世（訳），明石書店，2010 年。

**【引用文献】**

池尾靖志（編）『平和学をつくる』晃洋書房，2009 年。
武者小路公秀『平和研究入門』講談社，1969 年。

# 第6章　平　　和

## 6-1　日本は本当に「平和で安全な国」なのか

**Q. 6-1**　あなたにとって「平和」とは何ですか。どのような瞬間に「自分が置かれている環境は平和だな」と感じますか。具体的に書いてみましょう。

**A. 6-1**

________________________________

________________________________

________________________________

________________________________

**【解説 1】**

さて，あなたが描く平和の姿とはどのようなものになっただろうか。平和を考えるために，「平和で安全な国」といわれる日本という国家について考えてみよう。日本は戦後，世界唯一の被爆国として憲法で戦力の不保持を掲げ，二度と戦争の惨禍に苦しめられることのないよう平和を希求してきた。そして，日本は，終戦後から今日に至るまでの70年以上にもわたり，戦争に巻き込まれることなく発展を遂げてきた。

しかしここであえて一般通念に疑問を投げかけてみよう。国語辞典では，平和の対義語は戦争になっている。では，戦争が起こっていないというだけで平和といえるのだろうか。Q. 6-1でおそらくあなたは，戦争が起こっていない状況を前提としたうえで解答したはずである。戦争がないことはむしろ当たり前のことであり，そのなかで自分が平和を感じる瞬間のことを書いているのではないだろうか。しかし，本当に日本は平和なのだろうか。

**図 6-1　広島の原爆死没者慰霊碑**[1]

たとえば，先進国のなかでも日本の自殺率はきわめて高い数字になっている。10年前のピーク時に比べれば大きく減少しているとはいえ，現在でも年間2万人以上が自死している。これは日本社会がストレスの大きい社会であることを意味しているのだろうか。もしそうだとするなら，そのなかで生きている人々は本当に「平和」を実感できているのだろうか。また，交通事故による死者数も年々減少しているとはいえ，依然として年間約4千人が痛ましい事故の犠牲になっており，「交通戦争」といわれている。

1）出典：総務省HP「原爆死没者慰霊碑」〈http://www.soumu.go.jp/main_sosiki/daijinkanbou/sensai/virtual/memorialsite/hiroshima_hiroshima_002/index.html（確認：2018年2月19日）〉

こうした統計を踏まえると，日本国内ではまるで小規模の武力紛争が起こっているのと同じくらいの望まぬ死が存在していることになる。世界的に少ないとはいえ，殺人事件の犠牲者も年間約1千人いる（☞第5章）。私たちは，何を基準にして「平和な社会」と「平和ではない社会」を区別したらよいのだろうか。「戦争がないこと」だけでよいのだろうか。次のQ. 6-2でもう少し掘り下げて答えてみよう。

## 6-2　国際関係において「平和」とは

**Q. 6-2**　国際関係において，戦争が起こっていないにもかかわらず平和とは呼べない状況とはどういうものでしょうか。想像できる状況を具体的に書いてみましょう。

**【解説2】**

確かに，日本は戦後70年以上もの間，戦争に巻き込まれずにきた。では，なぜ平和な国・日本に自衛隊という国防のための組織が必要なのか。なぜこれほど多くの米軍基地が国内にあり，日本政府は多くの法的・政治的・経済的な支援を米軍に対して続けているのか。たとえば，北朝鮮の核・ミサイル開発を日本人の多くが脅威と感じ，「近々戦争が起こるのではないか」と不安に苛まれながら生活することは平和だろうか。日本人の過半数が日米同盟に賛成であるとしても，同盟を支える基地を維持するための負担が沖縄県民に過重にかけられている事実は，沖縄県民にとって果たして平和な状態だろうか。

もちろん国際政治の現実は厳しい。リアリスト（現実主義者）ではなくても，軍事力が外交にもたらす影響力についてはほとんどの人が認めるところであろう（☞第2章）。しかし，安全保障からくる要請と（☞第7章），それによってもたらされる生活への負担のバランスをどのように考えるかは，常に論争の焦点となる。

さらに，ここで皆さんにもう一つ問いたいことがある。ここまで書いてきたことは，「平和の具体的な中身はどういうもの（であるべき）か」という問いの検討であった。もちろんそれについては多様な議論がありえよう。しかし，それと同様に議論が分かれるのが，「では，その平和をどうやって実現するのか」という問いである。具体的な議論は，第7章と第8章で論じられるので，ここでは概念的な議論における問題提起をしておこう。すなわち，「平和を実現するための手段も平和的なものでなくてはならない」のか，それとも「平和を実現するための手段としては，場合によっては武力行使もありうる」のかという問いである（☞第26章）。

一方で「いかなる理由であっても武力に訴えてはならない」という考え方があり，これは一般に絶対的平和主義ともいわれるものである。たとえば，原爆の被害を展示している広島平和記念資料館を訪れた人々は，そこで「あらゆる戦争は悪である」というメッセージを受け取って帰ってくるだろう。しかし他方では，「平和を破壊する行為に対しては，傍観するのではなく武力を行使してでも平和を守るべき」という考え方も存在する。たとえば，第二次世界大戦中のユダヤ人虐殺について展示している世界各地のホロコースト博物館を訪れた人々は，「我々には武器を手に取って戦わなくてはならない戦争というものがある」というユダヤ人のメッセージを受け取るだろう。つまり，ここで問われているのは，「平和を守るために，非平和的な手段がどこまで許されるのか」という難問である。容易に答えが出るものではないが，議論に値する問いである（最上 2006）。

A. 6-2

______________________________________________

______________________________________________

______________________________________________

______________________________________________

## 6-3 消極的平和と積極的平和

**【解説 3】**

最後のステップとして，平和の定義について，もっと深く考えてみよう。物理的な暴力の他にも，「ある人々が本来ならばもっと豊かで自由で幸福な暮らしができるはずのところを，何らかの外からの影響力によって，これが実現できないような立場」（武者小路 1969：30）に強制的に置くことを暴力と呼び，そのなかには物理的な暴力とは異なる構造的暴力，さらには文化的暴力と呼ばれるものが存在する（☞第 5 章）。

平和を考えるうえでも，この分類が役に立つ。戦争も含めた物理的な暴力によって破壊される平和のことを「消極的平和」と呼ぶ。それは，戦争が存在しないという意味での平和のことである。それに対して，「戦争がないことが必ずしも平和を意味するとは限らない」という立場から，物理的暴力としての戦争に加え，差別や貧困など社会構造に組み込まれた構造的暴力や文化的暴力が除去された状態のことを，「積極的平和」と呼ぶ。

もちろん，積極的平和は究極の理想であり，それを完全に実現できている国や社会は皆無である。しかし，「世界には戦争を終わらせるだけでなく，真の平和を実現させるために解決しなくてはならない問題がまだたくさんある」という認識に立って平和を考えたとき，我々が生きるべき平和な国や社会のイメージが修正されるのではないだろうか。

**図 6-2　米国ワシントンのホロコースト博物館** [2]

2）出典：The U.S. Holocaust Memorial Museum HP〈http://www.ushmm.org（確認：2018 年 4 月 4 日）〉

まとめ　本章で学んだことを自分自身の言葉でまとめてみましょう。

【討論ポイント】

(1) あなたが身近なところで積極的平和に貢献できることとはどのようなことでしょうか。

(2) 平和を実現または維持するという目的とそのための手段との関係について，どのような議論が存在するか調べてみましょう。

【参考文献】

①ガルトゥング, J.・藤田明史（編）『ガルトゥング平和学入門』安斎育郎他（訳），法律文化社，2003 年。

②岡本三夫・横山正樹（編）『新・平和学の現在』法律文化社，2009 年。

③ Richmond, O. P., *Peace: A Very Short Introduction*. Oxford: Oxford University Press, 2014.

**【引用文献】**

武者小路公秀『平和研究入門』講談社，1969 年。
最上敏樹『いま平和とは——人権と人道をめぐる 9 話』岩波書店，2006 年。

# 第7章　国家安全保障

## 7-1　安全と国家

Q. 7-1　私たちが「安全である」状態とは，どのような状態を指すのでしょうか。私たちが「安全ではない」と感じる状況の具体例を，できる限り多く提示してみましょう。

A. 7-1

【解説1】

人はふつう，憂いのない安全な状態を望み，安全ではない状態を極力避けようとする。「安全保障（security）」は，「客観的には獲得した価値に対する脅威の不在，主観的にはそうした価値が攻撃される恐れの不在」であると定義される（Wolfers 1952：485）。だが，その「価値」とは何か，どうすれば「脅威や恐れ」がなくなるのかについては，さまざまな答えがありうる。また，安全保障は，水や空気と同じであるといわれる。いずれも充分に提供されているときにはそのありがたさに気づき難いが，それが不足するや否や，そのありがたさを誰もが感じるからである。よって，安全な状態を具体的に明確な言葉で表現することは難しいが，自らの身が危険にさらされたときなどの「安全ではない」状況を想起することは容易であるといえる。

私たちにとって，「安全ではない」状況とは何だろうか。たとえば，獣や自然の脅威，自分を襲う攻撃的な他人の存在などが挙げられるだろう。これらから身を守るためには，ともに守り合う仲間との協力が必要となる。しかし，仲間が裏切って自分を見捨ててしまったり，あるいは，自分とその仲間だけでは対処できないほどの規模の災害や武装集団に襲われたりするかもしれない。そのため人は，協力せず裏切った人間には罰を与え，他の集団などから身を守ることのできる，より大きな力をもつ仲間の集団に属したいと考える。かくして人々は，仲間全員にルールを守らせ，それを守らなかった場合には処罰を行い，外敵と戦うことのできる強力な「国家」の一員となることを望む。もしそうした強大な力をもった国家が存在しない自然状態に身を置くならば，あらゆる人間が互いに疑心暗鬼となって争い合う「万人の万人に対する闘

図7-1　活動中の自衛隊の艦船[1]

1）出典：防衛省・海上自衛隊HP「活動内容 海賊対処行動」〈http://www.mod.go.jp/msdf/formal/operation/pirates/suijou_24/02.jpg（確認：2017年12月26日）〉

争」に身をさらすことになり，惨めで貧しく，短い人生を送ることになってしまう。このことが，人々が国家を形成し，その一員として国家の維持や存続を望む根本的な理由であるとされてきた（ホッブズ 2009；☞第4章）。強力な実力（たとえば，図7-1にある艦船などにみられる防衛力）を有した国家が，国民の生命や財産を保障する第一の担い手であるとされ，国家による安全保障や国防，つまり，「国家安全保障（national security）」が求められてきた。

## 7-2 国家安全保障の方法

**Q. 7-2** 自国の安全を確保するために，国家はいかなる手段をとることができるでしょうか。

**【解説2】**

国家が自国の安全を確保する手段として，第一に，自国のパワー（軍事力・経済力・技術力など）を高めることが挙げられる。だが，自国のパワーを強化することで安全保障を実現しようとする方法は，費用がかさむなどの理由で限界が生じてくる。そこで第二に，自国と他国とで同盟を組んで，脅威に対処する方法がとられるようになる。これは，武力攻撃を受けたときなど，万が一の事態には相互協力することを約束し合う方法であり，実際に第二次世界大戦後の日本は，米国と日米安全保障条約（日米安保）を取り結ぶことで，日米間で一種の同盟関係を築き，日本の安全保障を図ってきた（☞第31章）。

現代の国際関係は，世界政府のないアナーキー状態にあり，各国は自らのパワーによって自国を守らなければならない。世界全体のアナーキーの構造に注目する国際関係論の立場として，1980年代以降に米国の学界内で隆盛を誇ったネオリアリズムが挙げられる（☞第3章）。主に権力欲など人間の本性に注目してきた従来の古典的リアリズム（☞第2章）とは異なり，ネオリアリズムは，国際関係におけるパワーの分布状況に着眼する。世界全体を一つの力で支配する世界国家が存在しない以上，一国のパワーに他国のパワーが対抗する状況が生ずる。よって，各国間のパワーの釣り合いである「勢力均衡（balance of power）」が，独立した各国間の国際関係を秩序づける原理となり，各国が均衡を図る主要な手段として，上述の二つの手段が挙げられるのである（ウォルツ 2010）。さらに，ネオリアリズムの一部の論者からは，各国は相手国のパワーだけでなく意図を含めて脅威を認識し，その度合いに応じて相手国に対抗しているとする「脅威の均衡（balance of threat）」論も提起されている（Walt 1987）。これらの理論を踏まえ，次節では，各国の意図や認識の観点から国家安全保障の課題を考えてみることにしよう。

**A. 7-2**

________________________________________

________________________________________

________________________________________

________________________________________

## 7-3 国家安全保障に関わるジレンマと逆説

**【解説 3】**

国家安全保障の第一の方法である自国のパワーの増強は,「安全保障のジレンマ」や「安全保障の逆説」と呼ばれる事態を引き起こしうる。ある国を脅威に感じて自国の武装を強化することは，あくまで自国の安全保障を意図したものであったとしても，その意図が適切に他国に伝わらなかった場合には，相手国がさらに対抗して武装をより強化することによって，軍備拡張競争（以下，軍拡競争）につながってしまい，かえって自国の安全を損ねる結果となりかねない。しかし，軍拡競争と緊張状態の悪化を避けようとして自国の武装強化を行わない場合，他国が一方的に軍拡をして脅威がより増す危険性がある。したがって，自国が武装を強化してもしなくても，自国の安全を脅かしかねないため，各国は「軍事力の強化をするか否か」という二つの選択肢の間で板挟み（ジレンマ）の状態となってしまう。

第二の同盟の形成による国家安全保障もまた,「同盟のジレンマ」を抱えている。同盟国はともに自らにとって利益があるからこそ，同盟を形成しているのであって，相手と同盟関係を結び続けることが自国の利益にならないと判断すれば，同盟関係は容易に断ち切られる。そのため，国家は同盟相手の国に「見捨てられる恐怖」に苛まれる。そこで，同盟相手国との協力関係を深め，互いの同盟関係をより強固なものにすると，今度は相手国の戦争に「巻き込まれる恐怖」が増大してしまう。そこで，巻き込まれないように同盟関係を弱めれば,「見捨てられる恐怖」が増大することになる。これら二つの恐怖は同時に解消できないため，やはり各国は板挟みの状態となってしまうのである。

以上のジレンマは，根本的には，世界が複数の国々に分かれていることから生じている。人身の安全のために形成された強力な国家が，今度は国際関係において互いに相手を攻撃する力をもつ脅威となってしまう事態は「ホッブズの逆説」と呼ばれる。本章第1節でみたホッブズの論理からすれば，国家間の安全を確保するために世界国家が必要とされてもおかしくはないはずである。では，なぜ，世界国家は形成されてこなかったのだろうか。第一の理由として，個人相互の身の安全のために国家が必要である度合いに比べ，国家相互の安全のために世界国家が必要とされる度合いが低いとされてきた点が挙げられる。「国家は他からの圧迫に対して自己を守りうる」が,「人間は毎日眠らなければならず，しばしば病気や精神の悩みに襲われ，ついには老衰し，なおそのほか，国家なら煩わされずにすむような種々のめんどうなことを負担している」ので，自己を守り抜けないのである（スピノザ 1976：44–45)。また第二に，世界国家を形成するためには世界全体に共通する正義や価値観が必要だが，それが存在していないためであるともいわれる。「力のない正義は無力であり，正義のない力は圧制的である」(パスカル 1973：200）ことが真であれば，世界全体で共有された正義や価値観が不在の状態で世界国家を樹立することは，何らかの勢力による圧制につながり，意見の異なる人々の弾圧や迫害などを生みかねないため，望ましくないとされるのである。

本章の冒頭でみたように，国家による安全保障が求められる事態は常に最初から明確に決まっているわけではなく，人々がある事態を「安全ではない」と感じるからこそ，その状態から脱するために安全保障が必要とされるようになる。ある問題が社会のなかで提起され，脅威とみなされるようになり，その問題に対する安全保障が求められるようになる過程を，安全保障論のコペンハーゲン学派と称される研究者たちは,「安全保障化（securitization)」と呼んでいる。私たちにとって,「安全」とはいかなる状態であり，それを誰がどのように実現すべきなのかは，明解な答えを出すことができる問いではなく，少なくとも，人々が置かれた状況によって大きく答えが変わりうる問いなのである。

**まとめ** 本章で学んだことを自分自身の言葉でまとめてみましょう。

【討論ポイント】

（1）安全保障のジレンマを解消するための方策として，どのようなことが考えられるでしょうか。あなたの見解とそう考えた理由を示して，話し合ってみましょう。

（2）日本や米国など各国の政府は，実際にどのような安全保障政策をとっているのでしょうか。国防のためのさまざまな具体策やその実態を調べたうえで，各国の政策が抱える問題点や課題について議論してみましょう。

【参考文献】

①土山實男『安全保障の国際政治学――焦りと傲り 第2版』有斐閣，2014年。

②遠藤誠治・遠藤　乾（編）『安全保障とは何か』岩波書店，2014年。

③Buzan, B., Wæver, O., & Wilde, J. D., *Security: A New Framework for Analysis*, Boulder, CO: Lynne Rienner Publishers, 1998.

**【引用文献】**

ウォルツ，K.『国際政治の理論』河野　勝・岡垣知子（訳），勁草書房，2010年。

スピノザ，B. de.『国家論』畠中尚志（訳），岩波書店，1976年。

パスカル，B.『パンセ』前田陽一・由木　康（訳），中央公論社，1973年。

ホッブズ，T.『リヴァイアサンⅠ』永井道雄・上田邦義（訳），中央公論新社，2009年。

Walt, S. M., *The Origins of Alliances*, Ithaca: Cornell University Press, 1987.

Wolfers, A., "'National Security' as an Ambiguous Symbol," *Political Science Quarterly*, *67*(4), 1952, 481–502.

# 第 2 部
# 非国家主体の役割

# 第 8 章　集団安全保障

## 8-1　戦争の違法化

Q. 8-1 戦争を防ぐには，どのような方法があるでしょうか。自由に書き出しましょう。

A. 8-1

**【解説 1】**

日本国憲法第 9 条を思い起こしてみよう。第 1 項には，次のように書かれている。「日本国民は，正義と秩序を基調とする国際平和を誠実に希求し，国権の発動たる戦争と，武力による威嚇又は武力の行使は，国際紛争を解決する手段としては，永久にこれを放棄する」。では，世界中のすべての国家が日本国憲法と同様の約束をすれば，戦争は起こらなくなるだろうか。残念ながら，そうとは言い切れないだろう。国内社会を考えてほしい。刑法に「人を殺してはいけない」と定められていても，法律違反の殺人事件は時折発生する。国際社会においても，同様の事態が生じる可能性は拭い去れない。たとえ「戦争はしません」と約束したとしても，前言を翻し，他国に侵略する国家が現れないとは限らないのである。

実際，第一次世界大戦（1914–18 年）後の 1920 年代には，「戦争はしない」との約束がなされた。まず，ヴェルサイユ講和条約が結ばれた翌年の 1920 年 1 月，国際連盟（本部：ジュネーブ）が設立され，その規約第 12 条は，「戦争ニ訴ヘサルコトヲ約ス」と記し，戦争の違法化を明文化した（☞第 3 章）。また，1928 年 8 月には不戦条約（ケロッグ＝ブリアン協定）が締結され，日本を含む 15 か国が署名した（のちに 63 か国が署名し，1929 年 7 月に発効）。第 1 条には，次のように記されている。「締約國ハ國際紛爭解決ノ爲戰爭ニ訴フルコトヲ非トシ且其ノ相互關係ニ於テ國家ノ政策ノ手段トシテノ戰爭ヲ抛棄スルコトヲ其ノ各自ノ人民ノ名ニ於テ嚴肅ニ宣言ス」。こうした約束にもかかわらず，1939 年 9 月，第二次世界大戦を迎えることになる。

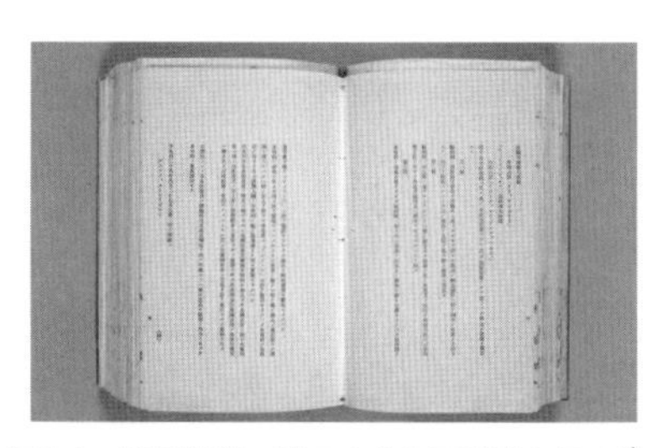

**図 8-1　戦争抛棄ニ関スル条約ヲ批准セラル** [1]

1）出典：国立公文書館 HP「公文書にみる日本のあゆみ」〈http://www.archives.go.jp/ayumi/kobetsu/s03_1928_02.html（確認：2018 年 2 月 17 日）〉

## 8-2　集団安全保障体制と国際連盟

Q. 8-2 「戦争をしない」という約束を実効的なものにするには，どのような方法が考えられるでしょうか。

【解説2】

国家間で利害対立がなくなることは，おそらくないだろう。国際社会は，紛争の火種を常に宿している。そのような状況で，各国家は，物理的な暴力装置（軍事力）を正当に保有している（ヴェーバー 1980；☞第2章）。なかには，その暴力装置を不当に用いて紛争を有利に解決しようとする国家が現れるかもしれない。そのとき，他の諸国家は，どのように対応しうるか。

国内社会において，殺人などの違法行為を取り締まるために警察という強制力が必要とされるように，国際社会においても，戦争という違法行為に対処するには，一定の強制力が必要である。だが，アナーキーな国際社会において，世界警察や地球防衛軍は存在しない（☞第2章）。そこで，第一次世界大戦後の人々が考案した方策が，「集団安全保障」と呼ばれる仕組みであった。まず，条約や国際組織の加盟国間で戦争を違法化し，紛争を平和的に解決することを約束する。これに違反して戦争を行う国家が出現した場合には，侵略を受けた当該国が応戦するのみならず，残りの全加盟国が結集して侵略国に対抗する（制裁を科す）という仕組みである。

国際連盟において初めて制度化された集団安全保障体制であったが，戦間期にはうまく機能せず，第二次世界大戦を防ぐことができなかった。一つには，国際連盟において何らかの制裁を決議するには全会一致を要したが，利害関係を異にする加盟国間での見解の一致は困難をきわめた。また，仮に全会一致を得て何らかの制裁が決定されたとしても，国際連盟として実行できることは経済制裁にとどまっていた。軍事力を用いる相手国に対して，軍事力で対抗する選択肢が用意されていなかったのである。実際，1935年，加盟国イタリアが加盟国アビシニア（現エチオピア）に軍事侵攻した際，国際連盟は侵略と認定し，イタリアに対する経済制裁を決定したが，効果は乏しく，翌年，イタリアはアビシニア併合を完遂した（☞第15章）。

このように考えると，戦争を禁止し，すべての国で制裁することを確約した国際組織を創設しておけば，戦争の再発は防げると信じた第一次世界大戦後の人々の期待には，現実離れした面があったことは否定し難い。戦間期の国際政治観が，「理想主義」と形容されるゆえんである。

A. 8-2

________________________________________

________________________________________

________________________________________

________________________________________

## 8-3 集団安全保障体制の限界

**【解説3】**

第二次世界大戦終結後の1945年10月，国際連合（国連）が設立された。国連憲章では，「戦争」に代えて，「武力行使」の禁止が明文化された（第2条第4項）。これは，「事変」や「事件」など，宣戦布告のない「事実上の戦争」を含めて，より一般的に武力の行使が禁じられたことを意味する。また，武力行使禁止原則違反に対する「強制措置」の手続きが，憲章第7章に規定された。このなかには，非軍事的措置（経済制裁）に加え，軍事的措置（軍事制裁）が含まれている。そして，これらについて協議する場として，安全保障理事会が設置された（☞第9章）。

国際連盟の失敗を克服しようとするこうした努力にもかかわらず，国連における集団安全保障体制は，今日までのところ，憲章起草者たちが想定した通りに機能しているわけではない。では，集団安全保障体制がうまく作動するには，どのような要件を満たす必要があるだろうか。第一に，国際連盟や国際連合といった国際組織が，いかなる平和破壊国をも圧倒できるだけの能力（軍事力）を備えている必要がある。第二に，各加盟国が，自国の国益を国際社会全体の利益に従属させ，国際組織による集団的な制裁の発動に協力する意思をもっていなければならない。第三に，平和の破壊を認定するためには，そもそも守るべき平和とはどのような状態なのか，平和を破壊する行為とはどのような行為なのか，加盟国間で共通認識をもつ必要がある。

では，今日の国際関係において，これら三つの条件は満たされているだろうか。残念ながら，満たされているとは言い難い。というのも，国連などの国際組織は，国際協力を模索する場である半面，加盟国の利害が激しく衝突する権力政治の場でもあるからである。何が国際平和に対する脅威か，どのような措置が講じられるべきか，合意の履行にあたり誰がどれだけの費用を負担すべきかといった点については，加盟国間で見解が大きく分かれてしまう。各加盟国は，異なる国益をもっており，それぞれ異なる国益の観点から判断するからである。たとえば，ロシアによる隣国ウクライナ領クリミア半島への軍事侵攻（2014年2月）は，ロシアによる侵略なのか，それとも，ウクライナ領内の少数派であるロシア系民族を保護するための自衛の措置なのだろうか。各国の見方が分かれる事態であり，現状認定についてさえ一致できていないという現実がある。

このように考えてみると，戦間期以来のおよそ100年間，国際連盟，国際連合を通じて，創設者たちが想定した通りに集団安全保障が機能してこなかったことは，個々の規定のあり方に問題があったというだけでなく，集団安全保障という仕組みそのものに限界が内在していることを示唆する。利害関係の薄い，地球の裏側で生じた武力紛争による被害を食い止めるために，自国民の生命と財産を犠牲にする覚悟をもつ国家（政府と国民）がどれほど存在するだろうか。国境を越えた「地球人」としての意識（アイデンティティ）が世界の大半の人々によって共有される日がくるまで，集団安全保障の実現は容易ではなかろう。

**まとめ** 本章で学んだことを自分自身の言葉でまとめてみましょう。

【討論ポイント】

（1）国連の集団安全保障体制が機能しないのはなぜでしょうか。また，うまく機能させるには，どのような条件を整える必要があるでしょうか。

（2）集団安全保障は，地域単位で実践されている例があります。アフリカ連合（AU）や米州機構（OAS）など地域的機構（地域的取極（とりきめ））による集団安全保障の試みについて，仕組みや事例を調べてみましょう。また，国連との違いについても考えてみましょう。

【参考文献】

①篠原初枝『国際連盟――世界平和への夢と挫折』中央公論新社，2010年。
②三牧聖子『戦争違法化運動の時代――「危機の20年」のアメリカ国際関係思想』名古屋大学出版会，2014年。
③アイケンベリー，G. J.『アフター・ヴィクトリー――戦後構築の論理と行動』鈴木康雄（訳），NTT出版，2004年。

**【引用文献】**

ヴェーバー，M.『職業としての政治』脇　圭平（訳），岩波書店，1980年。

# 第9章　国際連合

## 9-1　国連の設立と主要機関

Q. 9-1　国際連合（国連）について知っていることを書き出しましょう。

A. 9-1

**【解説1】**

国際連合（the United Nations，以下，国連）は，第二次世界大戦終結直後の1945年10月24日に発足した世界的な（普遍的な）国際組織である。本部は，米国のニューヨークに置かれている。設立時の原加盟国は，大戦時の「連合国（the United Nations）」を中心とする51か国であった。敗戦国である日本が国連に加盟を認められたのは，1956年12月であった。その後，脱植民地化後のアジア・アフリカ諸国が順次国連に加盟し，1990年代には，旧ソ連，旧ユーゴスラヴィアから分離独立した諸国が加盟した。2018年3月現在，加盟国数は193か国に達する。直近の新規加盟国は，2011年に加盟した南スーダンである。

図9-1　ニューヨークにある国連本部[1)]

図9-2　国連ロゴマーク[2)]

国連には，六つの主要機関がある。総会，安全保障理事会（安保理），経済社会理事会，信託統治理事会（植民地独立後，活動休止中），国際司法裁判所，事務局である。このうち，事務局のトップが事務総長と呼ばれ，国連を代表する存在となる。2017年1月からの任期（5年間）を務めているのが，アントニオ・グテーレス（ポルトガル元首相）である。また，総会，経済社会理事会のもとには，特定の問題領域を扱う下部機関として，多数の専門機関が設置されている。それらの機関の名前を調べれば，貿易，開発，環境，人権，難民，文化，保健，労働，教育，人口，ジェンダーなど，国連が多様な分野で役割を果たしていることが読み取れるだろう。東京には，国連大学が設置されている。

こうしたさまざまな活動を遂行するにあたり，国連は，他の国際組織や非政府組織（NGO）との協力を推進している（☞第13章）。とはいえ，国連を構成するのは，原則として，国家である。国連憲章第2条第1項によれば,「この機構は, そのすべての加盟国の主権平等の原則に基礎をおいている」。ゆえに, 総会での意思決定においては, 経済規模や人口の大きさにかかわらず, 一国一票で採決が行われている。

## 9-2　強制措置と安全保障理事会

**Q. 9-2** 国連は, 安全保障の分野で, どのような役割を果たすことができるでしょうか。

**【解説2】**

国連憲章は, 第1条で, 四つの目的を明らかにしている。そのうち, 第1項で掲げられているのが,「国際の平和及び安全を維持すること」である。5500万人ともいわれる戦死者を出した第二次世界大戦の直後にあって,「第三次世界大戦」の勃発を防ぐことこそが, 国連創設の第一の目的であったといえる。

では, 世界大戦の再発を防止するために, 具体的にはどのような仕組みが考案されたのだろうか。国連は, 戦間期に機能不全に陥った国際連盟の反省に立って設立されており, 集団安全保障の原理を引き継いでいる（☞第8章）。国連憲章では, まず,「すべての加盟国は, その国際関係において, 武力による威嚇又は武力の行使を, [···] 慎まなければならない」と規定し（第2条第4項）, 加盟国による武力の行使を原則的に禁止した。そのうえで,「すべての加盟国は, その国際紛争を平和的手段によって [···] 解決しなければならない」と定めている（同第3項）。

これらの規定にもかかわらず, 加盟国による武力行使が行われた場合には, 憲章第7章に従って対処することになる。すなわち,「平和に対する脅威, 平和の破壊又は侵略行為の存在を決定し」（第39条）,「兵力の使用を伴わないいかなる措置を使用すべきかを決定する」（第41条）。さらに, 非軍事的措置（経済制裁）では不十分な場合には, 軍事的措置として,「国際の平和及び安全の維持又は回復に必要な空軍, 海軍又は陸軍の行動をとることができる」（第42条）。これを実行するために, 加盟国から提供された兵力によって編成される「国連軍」について取り決められている（第43条）。なお, 加盟国の主権尊重を原則とする国連憲章は, 内政不干渉原則を掲げているが,「この原則は, 第7章に基く強制措置の適用を妨げるものではない」（第2条第7項）。

さて, 憲章第7章に基づく強制措置について討議し, 決議する場が安保理である。憲章第5章によれば, 安保理は, 常任理事国5か国（米国, 英国, フランス, ロシア（旧ソ連）, 中国）と2年任期の非常任理事国10か国により構成される。常任理事国には, 事実上の「拒否権」が与えられている（第27条）。「国際連合加盟国は, 安全保障理事会の決定をこの憲章に従って受諾し且つ履行することに同意する」と定められている通り, 安保理の決定には拘束力がある（第25条）。日本も, 国連加盟国である以上, 安保理決定の履行義務を課されることになる。

---

1）出典：外務省HP, わかる！　国際情勢, Vol.137, 2015年12月21日, 国連創設70周年と日本の国連加盟60周年　日本の安全保障理事会非常任理事国選出〈http://www.mofa.go.jp/mofaj/press/pr/wakaru/topics/vol137/index.html（確認：2018年2月17日）〉

2）同上。

A. 9-2

______

______

______

______

## 9-3　武力行使禁止原則の例外

**【解説3】**

武力不行使原則を掲げる国連憲章であるが，二つの例外を定めている。一つが，憲章第7章に基づく安保理の決定に従って武力行使を行う場合である。だが，国連設立以降，今日に至るまで，第43条に規定された国連軍は，一度も編成されたことがない。1950年の朝鮮戦争に際して「朝鮮国連軍」が組織されたが，これは，規定通りの国連軍ではない。国連軍が編成されない理由の一つは，拒否権をもつ五つの常任理事国の間で合意がまとまらないからである。とりわけ，米ソ対立が激化した冷戦期には，拒否権発動の応酬が繰り広げられた。米ソ冷戦が終結した1990年代以降も，国連軍編成には至っていない。

とはいえ，冷戦終結後には，安保理を通じた国際協調の新たな動きもみられた。「多国籍軍」による安保理決議の履行である。イラクによるクウェート侵攻（1990年8月）を受けて，安保理は決議678号を採択し（同年11月），イラク軍が撤退に応じない場合には，加盟国が「あらゆる必要な手段をとることを容認」した。正式な国連軍の編成が難しいなかで，一部の加盟国から成る多国籍軍に対して，憲章第7章に基づく強制措置を履行するために軍事力を用いる権限を授権したのである。実際，1991年1月に開戦した湾岸戦争では，米軍主導の多国籍軍が圧勝し，イラク軍をクウェートから撤退させることに成功した。ただし，多国籍軍への授権という方式が採用されるのは，常任理事国の間に強い反対がなく，拒否権が行使されない場合に限られることに注意したい。

武力行使が容認されるもう一つの例外が，自衛の場合である。国連憲章第51条は，二つの自衛権を定めている。個別的自衛権と集団的自衛権である。個別的自衛権とは，自国が他国から直接攻撃を受けた際に，自国が反撃を行うことである。それに対し，集団的自衛権とは，「自国と密接な関係にある外国に対する武力攻撃を，自国が直接攻撃されていないにもかかわらず，実力をもって阻止する権利」と定義される。いずれの自衛権に関しても，元来は，集団安全保障が機能するまでの暫定的措置として規定されていた。ところが，常任理事国による拒否権の行使により安保理での意思決定が滞る状況では，一時的な対応にとどまるはずであった自衛の措置が，むしろ，安全保障の主役となった。日本を例にすれば，自衛隊の存在（日本による個別的自衛権の行使）と，日米安全保障条約に基づく米軍の協力（米国による集団的自衛権の行使）によって，安全保障が確保されている面が大きい（☞第31章）。

なお，個別的自衛権も，集団的自衛権も，国連加盟国に認められた権利であり，日本も加盟国である以上，この権利を当然に有すると考えられる。だが，日本政府は長年にわたり，憲法第9条との兼ね合いで，集団的自衛権を行使できないと判断してきた。こうした政府の見解を大きく変更したのが，第二次安倍晋三内閣である。2014年7月，集団的自衛権の行使を容認するとの閣議決定に踏み切ったのである（☞第31章）。

**まとめ** 本章で学んだことを自分自身の言葉でまとめてみましょう。

---

---

---

---

---

【討論ポイント】

（1）安保理の常任理事国に拒否権が認められたのは，なぜでしょうか。拒否権を廃止すれば，安保理はうまく機能するようになるでしょうか。考えてみましょう。

（2）安保理改革の動きについて調べましょう。分担金拠出第2位（2016–2018年通常予算分担率9.680%）の日本は常任理事国就任に意欲を示していますが，反対する国もあります。なぜでしょうか。

【参考文献】

①明石　康『国際連合――軌跡と展望』岩波書店，2006年。

②最上敏樹『国際機構論講義』岩波書店，2016年。

③国際連合広報局『国際連合の基礎知識2014年版』八森　充（訳），関西学院大学総合政策学部，2015年。

# 第 10 章　国連平和維持活動

## 10-1　苦肉の策としてできた国連 PKO

Q. 10-1　国連平和維持活動（Peacekeeping Operations，以下，PKO）と聞いて，誰による，どのような活動をイメージしますか。自由に書いてみましょう。

A. 10-1

**【解説 1】**

五つの常任理事国（米・英・露（旧ソ）・仏・中）が拒否権をもつ安全保障理事会（以下，安保理）は，冷戦期，米ソの拒否権行使の応酬によって意思決定機能が完全に麻痺していた（☞第 9 章）。1950 年 6 月に勃発した朝鮮戦争でも安保理は機能せず，これに危機感を覚えた国々が結束して，同年 11 月に国連総会で「平和のための結集」決議を採択した。この決議で最も重要な点は，「平和が脅かされているにもかかわらず安保理が活動できない際に，24 時間以内に総会を緊急に招集できる」という条項であった。そして，その緊急特別総会で「加盟国に兵力の派遣を勧告できる」（ただし，法的拘束力はなし）とされた。

初めてこの条項が適用されたのは，6 年後のスエズ危機（第二次中東戦争）のときであった。エジプトのガマール・アブドゥル＝ナセル大統領がスエズ運河の国有化を宣言したのをきっかけに，イスラエルがシナイ半島に侵攻，英国とフランスもイスラエルを支援して参戦した。国連では緊急特別総会が招集され，11 月 2 日に英仏イスラエルに対し即時停戦を求める総会決議が採択された（6 日に英仏が停戦受諾，イスラエルも 8 日に受諾）。また，それに続く別の総会決議により第一次国連緊急軍（UNEF I）が設立された。UNEF I は，イスラエル，フランス，英国の侵入軍の撤退を監督し，エジプト軍とイスラエル軍を引き離して緩衝の役割を果たし，1967 年 5 月にエジプトの要請により撤退した。1948 年に勃発した第一次中東戦争で派遣された国連休戦監視機構（UNTSO）など小規模の軍事監視団を除けば，これが実質的な（武装した）初代の国連 PKO であった。

以上の経緯からわかるように，国連 PKO は憲章で定められた「国連軍」が安保理の機能不全によって困難になり（☞第 9 章），それに代わる苦肉の策として設立されたものであった。国連憲章第 7 章で規定されている強制措置による紛争解決が不可能になり，紛争当事者の同意のもと，紛争地域へ入り，主に兵力引き離しと停戦監視の任務を行った。憲章第 7 章に準ずる任務でないとはいえ，憲章第6章で定められた紛争の平和的手段による解決（外交交渉など）とも異なる国連PKOの任務は，「憲章6章半（Chapter Six and a Half）の活動」と呼ばれた。当時は軍人の任務が主体であったとはいえ，軽武装または非武装で，PKO三原則（紛争当事者の同意を得る同意原則，活動中はどの紛争当事者にも肩入れをしないという中立原則，自衛のための必要最小限の武器のみ所持するという自衛原則の三つ）を守ることが派遣の条件であった。

## 10-2　冷戦後に現れた「第二世代PKO」と「第三世代PKO」

Q. 10-2　国連PKOは，冷戦後に大きくその性格を変化させていきます。どのように変化していったかをまとめてみましょう。

**【解説2】**

冷戦が終わって米ソ対立がなくなると，国連に対する期待は大きく高まった。国連PKOの設立件数は急激に増加し（1945-90年の45年間で設立されたPKOの数は18件であったのに対し，冷戦後1991-2010年の約20年間に設立されたPKOの数は45件），また，任務の内容も多様化した。従来のPKOの任務は，主として兵力引き離しと停戦監視（＝平和維持）であったが，それだけでは紛争が再発するケースが多かったため，冷戦後のPKOは，紛争の根本要因の除去を目的として，復興・開発の支援まで担うようになった。たとえば，地雷除去活動，兵士の社会復帰を支援する武装解除・動員解除・社会復帰（DDR），経済復興，選挙支援など（＝平和構築；☞第28章）もPKOが行うようになった（第二世代PKO）。この典型例が，日本人が代表を務め，自衛隊が初めて参加した国連カンボジア暫定統治機構（UNTAC, 1992-93年）である（☞第31章）。UNTACは，武装解除，兵力の動員解除，警察組織の監督，行政組織の管理，人権状況の向上，難民帰還，選挙の実施など，国家の建て直しを支援した。

さらには，和平合意に不満をもつ一部の武装勢力が和平を妨害しようとして行う攻撃に対しては，武力でもって対抗する反乱鎮圧作戦やテロリストの掃討作戦などの強制行動（＝平和強制）まで行うPKOも現れた（第三世代PKO）。これらの新しい任務を帯びた国連PKOと区別するため，従来型のPKOは第一世代PKOあるいは伝統型PKOなどと呼ばれる。この三つのタイプのPKOの活動を紛争中，停戦中，紛争後に分けて示すと，図10-2のようになる。

図10-1　カンボジアPKOに参加する陸上自衛隊の施設部隊[1)]

このように国連PKOの任務は多様化し，従来は軍人主体の活動であったものが，冷戦後はPKO職員に占める文民の割合の方が大きくなっている。また，質・量ともに大きく変化したことに伴い，PKOは慢性的な財政赤字に悩まされ

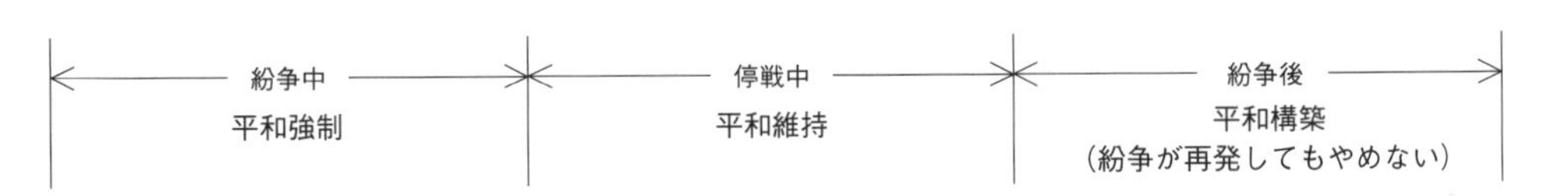

図10-2　三つのタイプのPKO（著者作成）

1）出典：内閣府HP〈http://www.pko.go.jp/pko_j/result/cambo/cambo02.html（確認：2018年2月19日）〉

るようになった。2017 年 7 月，国連総会は当初要求していた約 80 億ドルの PKO 予算を断念して，約 68 億ドル（14%減）を次期予算とする決議を採択している。

A. 10-2

________________

________________

________________

________________

## 10-3　模索が続く国連 PKO の任務

**【解説 3】**

ところが，1990 年代前半に国連 PKO は多くの試練に直面する。1993 年，内戦による虐殺や飢餓などの深刻な非人道的状況が生じていたソマリアで，憲章第 7 章（強制措置による紛争解決）のもとで自衛以外の武力行使（反乱武装勢力の武装解除と人道支援活動の保護）を認められた第三世代 PKO による第二次国連ソマリア活動（UNOSOM II）が展開された。UNOSOM II は，現地の武装勢力との激しい戦闘になり，憤慨した民兵らが UNOSOM II に協力して犠牲となった米兵の遺体をロープでトラックにつないだまま街中を引きずり回すという衝撃的な映像が全世界に放映された。その数日後，兵士を派遣していた米国は，ソマリアからの撤退を発表した。

そして，翌 1994 年には，ルワンダで民族対立による大量虐殺（4 月から 7 月の間に 80 万人以上）が起こり，その場にいた第一世代 PKO の国連ルワンダ支援団（UNAMIR）は虐殺に対する強制行動の権限を与えられず，結局目の前で起こっている虐殺を傍観せざるをえなかったために多くの批判を浴びた（☞第 4 章）。どのような場合に，どのタイミングで，どの程度の介入をするのが適切かということは，一律に決められるものではない。ソマリアでは過剰な介入が失敗し，ルワンダでは介入に対する国際社会の消極的な姿勢が問題となった。だが，これらが今でも国際社会のトラウマ的な出来事となっており，二度と同じ失敗を繰り返してはならないという強い思いは国際社会全体が共有している。

ただ，どの国が，どのような状況で，どの程度のリスクを引き受けて国連 PKO の強制行動に参加するかを決めるのは容易ではなく，どの国も積極的な姿勢をみせているとは言い難い。1999 年に初めて「文民の保護」が任務に加えられた国連シエラレオネ・ミッション（UNAMSIL）のように，一般市民を暴力から守るために自衛以外の武力行使を認める憲章第 7 章下の PKO（一般に「強化された（robust）PKO」と呼ばれる）が近年増えているとはいえ，実際に現地の住民から PKO に救援要請があったときに，PKO が期待どおりに動けるかどうかはわからない（酒井 2016）。それが現実になったのが，国連南スーダン派遣団（UNMISS）の対応であった。2016 年 7 月に首都で政府軍と反政府勢力が戦闘になった際，多くの住民が虐殺・レイプされていたにもかかわらず，PKO は住民を守ることができなかった。国連は UNMISS のケニア人司令官の解任を決定したが，これに反発したケニア政府がおよそ 1 千人の PKO 部隊を撤退させると発表する事態に発展した。

反乱軍の制圧・武装解除まで想定していた第三世代 PKO がソマリアで挫折した直後は，PKO 要員数が一時的に減少したものの，現在は「文民の保護」を目的とした強制措置への支持は高い。しかし，いまだその実効性について大きな壁が立ちはだかっているのが現状である。

**まとめ** 本章で学んだことを自分自身の言葉でまとめてみましょう。

【討論ポイント】

（1）国連 PKO 成立の経緯と冷戦直後の 1990 年代の活動の変化について，グループごとに成果と問題点を話し合ってみましょう。

（2）近年増えている，憲章第 7 章下での「文民の保護」を任務に含んだ PKO について，本章に出てきたもの以外の事例を探し，その活動内容と成果について調べてみましょう。

【参考文献】

①石塚勝美『国連 PKO と国際政治――理論と実践』創成社，2011 年。

②上杉勇司『変わりゆく国連 PKO と紛争解決――平和創造と平和構築をつなぐ』明石書店，2004 年。

③ Koops, J. A. et al., eds., *The Oxford Handbook of United Nations Peacekeeping Operations*, Oxford: Oxford University Press, 2017.

【引用文献】

酒井啓亘「国連平和活動と日本の国際平和協力の今後――「9 条－ PKO 活動原則体制」の下での課題」『国際問題』*654*, 17-28, 2016 年。

# 第 11 章　地域統合（欧州）

## 11-1　欧州連合（EU）とは何か

Q. 11-1　欧州にはどのような国々があるのでしょうか。欧州諸国についてあなたが知っていることを，自由に書き出してみましょう。

A. 11-1

【解説 1】

欧州には歴史の古いさまざまな国が存在しているが，欧州で暮らす人々が国境を越えるとき，基本的には入国審査を受けずに自由に移動でき，多数の国々で共通通貨のユーロで支払いができる。このようなことが可能なのは，これらの国々が欧州連合（European Union：EU）に加盟しており，その大多数の国々が，国境を越えた人の自由な移動や共通通貨などに関する EU 独自の仕組みやルールを支持しているからである。このように，ある特定の地域内に存在する国家同士が国境を越えて結びつき，国家を越える仕組みや地域的な国際組織（地域統合体）を作り出そうとする動きのことを「地域統合」という。欧州は現在，世界中の地域のなかで最も統合が進んでいる地域である。なぜ，とりわけ欧州において，地域統合が進められてきたのか。また，欧州統合は，欧州外の日本などに生きる人々にとってどのような意味をもっているのだろうか。本章では，これらの問いについて考えてみることにしよう。

EU では，欧州連合条約（マーストリヒト条約，1993 年発効）をはじめとする諸条約に基づき，経済や通貨，外交と安全保障，警察・刑事司法など，幅広い分野において国境を越えた協力や政策の共通化が進められてきた。加盟する各国が経済や通貨に関して自国がもつ主権の一部を EU に委譲することで，共通の経済的なルールを EU の主要機関において決定する仕組みがとられ，世界最大の単一の共同市場を形成している。すなわち，EU の域内では，貿易の際に関税などがかからず，労働者などの人および製品や原材料などのモノが国境を越えて自由に移動できる経済圏を形成し，EU の外に対しては，EU としての統一された通商政策（関税や貿易などに関する政策）を採用している。また，経済以外の分野においても，加盟する各国の権限を前提としつつ，EU として最大限共通の立場や政策をとることで，欧州地域全体から「一つの声」をあげるという機能もも

図 11-1　欧州旗

つ。1993年に発足したEUは，冷戦時代には共産主義国であった中欧・東欧の国々が続々と加盟したことで，欧州諸国のうち，28か国が参加する地域的な国際組織となっている。

## 11-2 欧州における戦争をなくすための歩み

**Q. 11-2** 欧州ではどのようにして，国境を越えた経済や政治の統合が進んできたのでしょうか。

**【解説2】**

現在，EUと呼ばれている欧州の地域統合体は，1990年代に突如として登場したわけではなく，その歴史は第二次世界大戦の終わりに遡ることができる。二度の世界大戦を引き起こしてしまった欧州各国は，さらなる戦争を引き起こさないために，国境を越えて協力し合い，欧州全体が一つの国のような連合を形成することを目指すようになった。まず，戦争の原因にもなってきた天然資源の国境を越えた共同管理・利用を目指して，パリ条約に基づき1952年に欧州石炭鉄鋼共同体（European Coal and Steel Community：ECSC）が設立される。ECSCに当初から参加した原加盟国は，フランス，西ドイツ，イタリア，オランダ，ベルギー，ルクセンブルクで，この6か国はさらに1958年，ローマ条約に基づき，経済分野における地域統合のための欧州経済共同体（European Economic Community：EEC）と，原子力エネルギーに関する国際協力のための欧州原子力共同体（European Atomic Energy Community：EURATOM）を設立する。これらの三組織が1967年に一つの組織，欧州共同体（European Community：EC）として統合され，1973年には英国，アイルランド，デンマークが，1981年にギリシャ，1986年にはスペインとポルトガルがそれぞれ加盟した。これら12か国からなるECは，さらなる地域統合を目指してEUへと発展することとなった。

図11-2　平和が持続する70年間
（©European Union, 1995–2017）[1)]

図11-2を見てほしい。この図では，バーの薄い色の部分が欧州内で「戦争」があった時代を，濃い色の部分が戦争のない「平和」な時代を示している。欧州では中世以降，断続的に戦争が続いてきたが，第二次世界大戦後に欧州統合が進んだことで，70年以上に及ぶ長期の平和な時代がやってきたのである。

**A. 11-2**

## 11-3 欧州統合をめぐる理論・思想・現実

**【解説 3】**

第二次世界大戦後に欧州で進んだ地域統合は，国家同士のぶつかり合いを軸に世界を捉えるリアリズムの理論（☞第 2 章）では十分に説明できなかったため，国家間の協力による平和を説く国際統合論の理論が登場する。国際統合論については，各国の主権には影響を与えない機能的な領域でのみ国家間の協力を図り，国際組織を通じて平和を実現しようとする「機能主義」が第二次世界大戦以前より提唱されていたが（☞第 21 章），第二次世界大戦後には，欧州統合を契機に，それをさらに発展させた「新機能主義」の国際統合論が提起された。あくまでも主権国家間の協力関係を深めることを説いていた機能主義とは異なり，新機能主義は，主権国家の上に立って各国の主権を制限する「超国家組織」の成立をも視野に入れた理論である。

新機能主義では，当初は各国間で異論のない分野での部分的な協力として始まった国際統合も，次第に別の領域での国家間の協力関係に波及していく（溢れ出ていく）とするスピルオーバー（spillover）効果が主張された。すなわち，当初は各国間でおおいに異論のあった各国の主権に関わる政治・軍事などの分野でも，最終的には協力関係が築かれ，主権を制限するような国際的（地域）統合が可能になるとされる。前節でみた通り，実際に欧州統合は石炭や鉄鋼というきわめて限定された領域での国際協力としてはじまり，徐々に経済全般や原子力エネルギーなどの分野に協力関係が広がっていったのである。新機能主義の理論に従うならば，わずかな一点でも各国間で一致できるテーマがあれば，そこから国際協力を開始することで地域全体が戦争の起こる心配のない，平和が永続する状態へと至ることになり，欧州統合はその第一の事例とみなされたのである。しかし，現段階では，欧州各国の間でも主権に関わる分野では主張に隔たりがあり，統合が進んでいるとは言い難い。

EU 発足以降，移民流入や通貨統合などに伴う問題が浮上し，EU による欧州統合に反対する声が高まってきている。英国が 2016 年に国民投票によって EU 離脱（“Brexit”）を決定するなど，欧州統合の行方は不透明となっている。EU は，欧州理事会，EU 理事会，欧州議会，欧州委員会など，複数の代表・意思決定・執行機関から成り立っているが，EU のルールや政策を決める仕組みが複雑なため，一般の人々の意見に基づく民主的な組織ではない（「民主主義の赤字（democratic deficit）」）との批判が，EU 加盟国の市民から噴出している（ギデンズ 2015）。反 EU 感情の高まりは，欧州統合を逆行させる可能性があり，世界の他の地域に先駆けて地域統合をなしえてきた欧州で統合が失敗することは，他の地域での国境を越えた平和な関係を構築する取り組みをも失速させかねない。欧州統合の進捗は，日本を含めた国際関係のあり方全体に多大な影響を及ぼす問題なのである。

ここで，欧州の直近の動きから離れて，より深く歴史を掘り下げて考えてみよう。実は欧州では，主権国家が並立するようになった近代以降，繰り返し欧州統合が求められてきた。18 世紀には，フランスのサン＝ピエールによる『永久平和論』をはじめ，ドイツのイマヌエル・カントによる『永遠平和のために』などにおいて，欧州の恒久的な平和のためには，主権を制約する国際組織の設立が必要であることが説かれていたのである。また第一次世界大戦後には，リヒャルト・クーデンホーフ＝カレルギーが，英国以外の大陸欧州などを一つのブロックとして統合することを説いた『汎ヨーロッパ』を著し，第二次世界大戦の直後には，戦時中に英国の

1）出典：Europa: Official website of the European Union - About the EU〈https://europa.eu/european-union/about-eu/eu-in-brief_en（確認：2017 年 12 月 27 日）〉

首相を務めたウィンストン・チャーチルが，米国に比肩する「欧州合衆国」の構想を説いている。このように，欧州，とりわけ大陸欧州を統合するべきだとする思想や構想は，長きにわたってさまざまな人物によって提唱され（金丸 1996），第二次世界大戦後の欧州の人々の奮闘によって実現してきたものである。EU の今後の行方については，こうした長期的な歴史の視点に立って考えてみる必要もあるだろう。

**まとめ** 本章で学んだことを自分自身の言葉でまとめてみましょう。

【討論ポイント】

（1）EU のような国境を越えた地域統合が実現することは，その地域に住む人々にいかなる影響をもたらすのでしょうか。統合の前と後で人々の生活にどのような違いが生じるのかについて，あなた自身の見解を示して議論してみましょう。

（2）なぜ EU からの離脱や欧州統合の進展に反対する声が提起されているのか，各国の人々や政党などの主張を調べたうえで，今後の EU の行方について考えてみましょう。

【参考文献】

①中村民雄『EU とは何か——国家ではない未来の形 第2版』信山社，2016 年。

②遠藤　乾（編）『ヨーロッパ統合史 増補版』名古屋大学出版会，2014 年。

③ヴィーナー, A.・ディーズ, T.（編）『ヨーロッパ統合の理論』東野篤子（訳），勁草書房，2010 年。

【引用文献】

金丸輝男（編）『ヨーロッパ統合の政治史——人物を通して見たあゆみ』有斐閣，1996 年。

ギデンズ, A.『揺れる大欧州——未来への変革の時』脇阪紀行（訳），岩波書店，2015 年。

# 第 12 章　地域統合（アジア太平洋）

## 12-1　多様性のなかの統合

**Q. 12-1** 日本を含むアジア太平洋地域では，どのようにして各国共通のルールや仕組みが形成されてきたのでしょうか。あなたが知っているアジア太平洋の地域統合の事例を書き出してみましょう。

**A. 12-1**

**【解説 1】**

国境を越えた地域統合は，欧州地域では，欧州連合（EU）を形成することで発展をみせてきた（☞第 11 章）。キリスト教や古代ギリシア・ローマの時代から続く文化的伝統を共有している欧州では，国際統合をめぐる「交流主義」の理論が主張するように，「欧州人」としての共通のアイデンティティに基づき，信頼関係を高めることによって，戦争の危惧がまったくない「安全保障共同体」が構築されてきたともいえよう。それでは，他の地域，とりわけ日本を含むアジアや太平洋を取り囲む地域では，いかなる国際的な統合が進んできたのか。本章では，アジア太平洋地域の統合について考えていくことにしよう。

欧州とは異なり，アジア太平洋地域では，宗教や文化・歴史的背景の異なる国々が並び立っている。EU による欧州統合と同様の動きを，日本とその周辺諸国で進めるべきだとする「東アジア共同体」論がこれまで提唱され続けてきたが，実現には至っていない。しかし，アジア太平洋は，米国，中国，日本という 2017 年時点で世界の経済大国第 1 位から第 3 位の国々がひしめく地域であり，また，東南アジア諸国を中心に今後のさらなる経済成長が見込まれる発展途上の国々が多く含まれている地域でもある。関税の引き下げなどによって自由な人やモノの往来を可能にし，貿易や投資などの国際的なル

図 12-1　TPP 首脳会合 [1]

1）出典：首相官邸 HP「TPP 首脳声明 平成 27 年（2015 年）11 月 18 日 フィリピン・マニラ」〈https://www.kantei.go.jp/jp/headline/tpp2015.html（確認：2017 年 12 月 28 日）〉

ールを共通化する経済的な地域統合の効果は絶大である。それゆえこの地域では，欧州のような国境を越えた地域的な国際組織の形成よりも，経済面での各国の実利に基づいた経済的な統合の実態が先行してみられてきた。日本でもここ数年間，大きな話題となり議論を呼んだ環太平洋パートナーシップ協定（Trans-Pacific Partnership Agreement：TPP）はその好例である。同協定は，日本や米国を含む太平洋を囲む12か国の間で関税を大幅に引き下げ，経済的なルールを各国間で共通化していこうとするものである。2018年3月の時点でTPPは未発効だが，日本政府は早期発効を目指す方針をとっており，経済統合を図る別の条約の交渉も進めている。この点を踏まえ，次の問いに取り組んでみよう。

## 12-2　アジア太平洋における経済統合の過程

**Q. 12-2**　日本はなぜ，TPPなどのアジア太平洋地域における経済的なルールの統合に積極的なのでしょうか。その理由を考えてみましょう。

**【解説2】**

アジア太平洋地域では図12-2にあるように，複数の国際的な経済ルールや仕組みの構築および構想が進められてきた。TPPはその一つにすぎず，他にも，日中韓自由貿易協定（日中韓FTA）や，その三か国と東南アジア諸国連合（ASEAN），インド，オーストラリア，ニュージーランドを含めて交渉が進められている東アジア地域包括的経済連携協定（RCEP）などが挙げられる。

これらは，自由貿易協定（FTA）や経済連携協定（EPA）と呼ばれる国際的な貿易や経済に関わる各国間の合意である。FTAは，特定の国々の間で，モノの関税やサービス貿易（ホテルやレストランの事業の海外展開など）の障壁などを削減・撤廃することを目的とする協定を意味する。EPAは，FTAが目指す貿易の自由化に加えて，投資・人の移動・知的財産の保護（著作権など）や競争政策におけるルール作りのほか，さまざまな分野での国際協力などを含む幅広い経済関係の強化を目的とする協定を指す（渡邊 2007）。TPPやRCEPは多国間のEPAであり，単に貿易を容易にするだけでなく，海外からの投資の呼び込みや労働者の国際移動などを含め，より広く加盟国相互のビジネスチャンスの拡大を狙ったものである。TPPとRCEPの構想が実現した場合，それぞれ世界の国内総生産（GDP）の約4割と約3割を占める自由な経済圏が形成されることとなり，地域全体のさらなるGDP拡大が見込まれている。そこで日本は，アジア太平洋地域全体での広範な自由貿易体制の実現を目標として，TPPとRCEPの成立をともに目指していると考えられるのである。

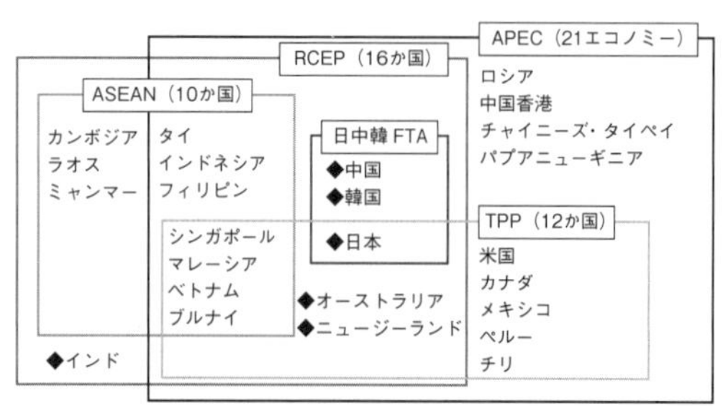

※◆印の国は，日・ASEAN，中・ASEANなどいわゆるASEAN+1のEPA/FTAを締結している。

**図12-2　アジア太平洋地域の国際的経済枠組みの進捗** 2)

2）出典：外務省HP「外交青書2017」〈http://www.mofa.go.jp/mofaj/gaiko/bluebook/2017/html/chapter3_03_01.html#fg3_010（確認：2017年12月28日）〉

A. 12-2

## 12-3　アジア太平洋地域の統合をめぐる理論と実際

【解説3】

TPPを含む経済統合は，大きく5段階に分けることができる（表12-1）。前章でみたEUは，第3段階をクリアして第4段階に入っているといえる一方，アジア太平洋地域では，TPPが成立したとしても，まだ第1段階にすぎない。共通通貨ユーロを導入して金融政策の統合を成し遂げ，財政政策の統合も議論されている欧州に比べると，アジア太平洋地域は遅れているようにみえるかもしれない。

しかしながら，アジア太平洋地域では，欧州地域とは異なる独自の方法で統合が進められてきた。欧州では，EUという単一の組織へと統合の動きを収斂させてきたが，アジア太平洋地域では，複数の国際的な枠組みが重層的に存在し，それぞれが話し合いの場（フォーラム）として機能することによって，経済面以外でも統合を進めてきたといえる（大庭 2014）。たとえば，ASEAN加盟国に日本，中国，韓国，オーストラリア，ニュージーランド，インド，米国，ロシアを加えた東アジア首脳会議（東アジアサミット：EAS）や，EAS参加国にスリランカ，パキスタン，パプアニューギニア，バングラデシュ，東ティモール，モンゴル，カナダ，そして北朝鮮やEUまでもが参加しているASEAN地域フォーラム（ARF）などが存在する。1994年から開催されているARFは，ASEANを中心とした種々のフォーラムのなかで最長の歴史をもっており，政治や安全保障の問題に関する各国の対話と協力を通じた，アジア太平洋地域における安全保障環境の向上を目的としたものである。

それでは，複数の国際的な枠組みが同時に存在し，各国がそれぞれ異なる国際的な枠組みに入っていることを，どのように評価できるのか。ARFにはEUも参加しており，また「東アジア」と銘打ったEASには米国やロシアも参加している事実について考えてみよう。アジア太平洋地域では，欧州とは異なり，共通のアイデンティティが希薄であるからこそ，地理的に隔たった国や組織が排除されることなく，これらのフォーラムに参加可能となっているのではないか。国際的な枠組みが，地理的な限界を引くことなく，さまざまな国や組織を取り込んで何重にも折り重なって同時に進展していることは，多様な方向からの地域統合の試みを可能にしていると評価できるのである。

こうした多層的な枠組みの存在は，しか

表12-1　経済統合の段階（著者作成）

| 経済統合の段階 | 統合の内容 |
|---|---|
| 1　自由貿易地域 | FTA/EPAによる地域内部での関税や輸入制限の撤廃 |
| 2　関税同盟 | 地域外の国に対する，共通する関税の設定 |
| 3　共同市場 | 労働者（人）や資本（カネ）などの地域内での移動の自由化 |
| 4　経済同盟 | 地域内での経済政策の調整 |
| 5　完全な経済統合 | 金融・財政政策を含めた経済政策全体の統一 |

し，各国が自国の利害に応じて活用したい国際的な枠組みを選ぼうとする「フォーラム・ショッピング」の問題を引き起こすという見解もある（大芝 2016）。数多くの枠組みがあることは，かえって各国の利己的な行動を制限できず，各国が（自国のみの利害ではなく）互いに共通する利害や理念に基づいて一つにまとまろうとする地域統合を停滞させてしまうのではないかと危惧されるのである。アジア太平洋地域で同時進行する国際的な枠組みやルール形成は，実際には今後どのように展開されていくのか注目していきたい。

**まとめ** 本章で学んだことを自分自身の言葉でまとめてみましょう。

【討論ポイント】

（1）アジア太平洋地域で，EU のように統合が進んだ国際組織を作ることは可能だと思いますか。肯定，否定の双方の立場から，その理由を考えてみましょう。

（2）TPP に対し，米国や日本などの各国において，なぜ賛成意見と反対意見がともに提起されているのでしょうか。日本と米国などの国々における賛否双方の主張について調べたうえで，あなた自身の見解を示してみましょう。

【参考文献】

①松岡俊二・勝間田弘（編）『アジア地域統合の展開』勁草書房，2011 年。

②大矢根聡・大西　裕（編）『FTA・TPP の政治学――貿易自由化と安全保障・社会保障』有斐閣，2016 年。

③バラッサ, B.『経済統合の理論』中島正信（訳），ダイヤモンド社，1963 年。

**【引用文献】**

大芝　亮『国際政治理論――パズル・概念・解釈』ミネルヴァ書房，2016 年。
大庭三枝『重層的地域としてのアジア――対立と共存の構図』有斐閣，2014 年。
渡邊頼純（監修）／外務省経済局 EPA 交渉チーム（編）『解説 FTA・EPA 交渉』日本経済評論社, 2007 年。

# 第 13 章　脱国家的主体

## 13-1　国境を越えて活動する組織

Q. 13-1　現在，国境を越えて活動する企業や非政府組織には，どのようなものがあるでしょうか。あなたが知っている企業名や組織名を複数挙げてみましょう。

A. 13-1

**【解説 1】**

都市の繁華街を歩いていると，海外企業の店舗や広告を数多く目にするし，実際にそのような店に入って買い物や食事をすることもよくあるだろう。また，駅などで，「国境なき医師団（DSF）」のような非政府組織（non-governmental organization：NGO）や，国連児童基金（UNICEF）のような国際組織が，恵まれない国々で医療や教育を提供するために寄付を募っている様子を見たことのある人も少なくないだろう。こうした私たちの身近なところに存在しながら，国境を越えて活動している国家以外の組織を「非国家主体」と呼ぶ。

まず国際関係における「主体」について整理してみよう。世界全体を舞台にドラマを繰り広げる国際関係の主体（アクター（役者）：actor）は，国家（政府）と非国家主体に大別され，非国家主体はその性質などによってさらに細分化される。国際関係論は，文字通り国家同士の関係を中心に研究する学問であり，国際関係を形成してこの世界を動かす主役（main actor）は国家であるとされてきた。だが，上記のように非国家主体も存在感を放っており，研究の対象となっている。ここでは，二つの軸から国際関係の主体を分類してみよう（表 13-1）。第一に，国際的に活動する組織を設立したもともとの主体が国家であるか，国家とは独立した一般の市民であるかによって二分できる。また，第二に，国際的な活動を行う主な目的が，その組織に属するメンバーの自己利益を実現・促進することにあるのか，あるいはその組織のメンバーの利益に限らず国際的な公共の利益（公益）を実現・促進することにあるのかによって，さらに二分することができる。以上の二軸で区分された四つの類型のうち，市民が設立して国際的な活動を行う組織を「脱国家的主体（transnational actor）」とい

表 13-1　国際関係の主要アクターの分類（著者作成）

| | | 設立した主体 | |
|---|---|---|---|
| | | 国　家 | 市　民 |
| 組織の国際活動の主な目的 | 自己利益の実現 | 国　家 | 多国籍企業 |
| | 国際的な公益の実現 | 政府間組織（IGO） | 国際 NGO（INGO） |

表 13-2　NGO と国際組織の数の変遷 [1]

| | 1970 | 1981 | 1991 | 2001 | 2011 | 2017 |
|---|---|---|---|---|---|---|
| INGO（国際 NGO） | 3,379 | 13,232 | 23,635 | 47,098 | 56,834 | 61,682 |
| IGO（政府間組織） | 242 | 1,039 | 4,565 | 6,743 | 7,608 | 7,658 |

う。そのなかには，「多国籍企業」や，国境なき医師団のような「国際非政府組織（国際 NGO，international non-governmental organization：INGO）」（単に NGO とも表記する）などが含まれる（表 13-1 の網掛部分）。国際的に活動する組織といえば，各国政府が国境を越える課題を解決するために設立した，国連や UNICEF のような「政府間組織（intergovernmental organization：IGO）」（国際組織ともいう）をまず連想する人もいるかもしれない。表 13-2 を見てみよう。確かに，政府間組織は多数存在し年々増加している。だが，国際 NGO はそれを上回るペースで増えており，2017 年にはその数が 6 万を超えるまでに達しているのである。

NGO や多国籍企業のような脱国家的主体は，国家の枠にとらわれることなく国境を越えて人々が結びつき，慈善事業や経済活動のほか，さまざまな国際ルールの形成に関わる活動を展開する組織であり，現在の世界の実態を分析し理解するにあたって見過ごせない存在である。そこで本章では，一般の人々が設立し，国境を越えて活動する脱国家的主体について，世界的な課題に取り組む NGO の活動を中心に考えてみよう [2]。

## 13-2　NGO の類型と活動

**Q. 13-2**　NGO とは，いかなる活動を展開する組織で，その存在意義はどこにあるのでしょうか。

**【解説 2】**

NGO とは，複数の国々にまたがる貧困，人権侵害，環境破壊などといった多様な問題の解決を目指す，市民からなる非政府組織である。NGO は，その組織が取り組むテーマから，たとえば開発 NGO，人権 NGO，環境 NGO などに分類できるほか，その活動方法によっても図 13-1 のように三つに類型化できる（功刀・毛利 2006）。

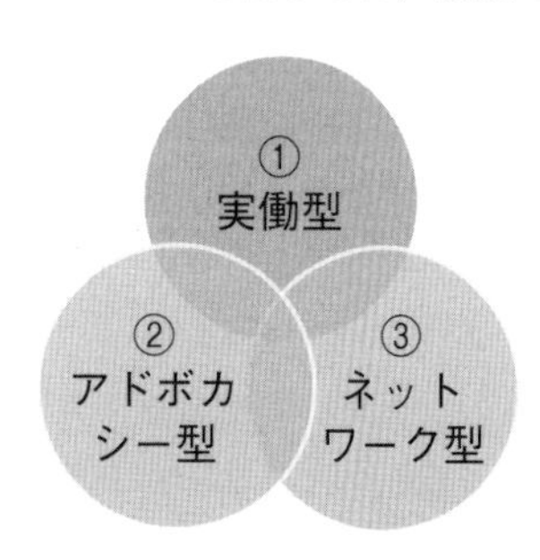


図 13-1　NGO の主要類型
（著者作成）

「①実働型」は，紛争，貧困，環境破壊などの問題解決のために，人道援助や開発協力などを現場で実際に手がける NGO を指す [3]。

「②アドボカシー型」は，政府，国際機関，企業の活動を対象とした政策提言や啓蒙活動を行う NGO を指す。その活動には政策提言以外にも，調査研究，国際会議への参加，デモなどの抗議活動，キャンペーン・イ

1）出典：Union of International Associations: The Yearbook of International Organizations 〈https://uia.org/yearbook（確認：2017 年 12 月 25 日）〉

2）なお，国連などの政府間組織については，第 9 章などを参照してほしい。また，国境を越えてテロ・犯罪・暴力などの行為を繰り広げる非合法的・反社会的な組織も，広い意味での「脱国家的主体」に含まれるが，国際テロ組織の動きについては次の第 14 章で確認する。

3）具体的な活動例としては，開発 NGO が紛争地などで展開する緊急人道援助（救急救命，水や食料の提供など）や貧困解消のための長期的な取り組み（教育や水道などのインフラ整備，農村開発，都市スラム改善など），環境 NGO による砂漠化防止のための植林活動，人権 NGO による人権擁護の専門家の養成などが挙げられる。

4）具体的な事例としては，個人を対象に戦争犯罪などを裁く国際刑事裁判所（ICC）を設立する条約の締結を各国に促した人権 NGO の活動や，政財界の要人が集まる世界経済フォーラム（通称「ダボス会議」）に対抗する，世界の貧困・格差問題を訴える世界社会フォーラムの開催などが挙げられる。

ベント開催などが含まれる[4]。

「③ネットワーク型」は，複数の NGO が自らの主張の影響力を高めるべく，相互に協議や協力をするために結びつき形成したネットワークやグループを指す[5]。

以上の三つに類型化される NGO の活動は，互いに重なり合うものである[6]（図 13-1）。NGO はこうした多方面の活動を通じて，多種多様な分野の世界的な課題の解決を目指し，一般市民の目線から活動を展開しているのである。

A. 13-2

## 13-3 現代世界のなかの多国籍企業と NGO

**【解説 3】**

脱国家的主体の活動は，自国の利害にとらわれがちな国家とは異なり，民間の人々が国境を越えて利害の増進を図ることを可能にし，また，各国政府が合意して設立した政府間組織では直接作り出すことが困難な，国家を超越した人々のつながりを生み出している。たとえば，多国籍企業は，複数の国々に工場や店舗などを設けることで，世界各地で雇用や富を生み，NGO は，内戦などによって政府機能が脆弱な地で医療や福祉を提供している。国境を越えた世界の一体化である「グローバル化」（☞第 1 章）が進むにつれて，脱国家的主体の役割と影響力はより大きなものとなっており，NGO や多国籍企業の正当性や社会的責任が問われるようになってきた。NGO はいったい誰を代表しているのか，選挙で支持されない主張をもつ勢力が国境を越えて声を上げているだけなのではないかなどとして，NGO の活動の正当性がしばしば問題視されている。この批判に対して，NGO は，各国の選挙ではすくい上げられないさまざまな民意を取り上げて発信し，世界規模での「民主主義の赤字」を縮減させることに貢献しているとの反論が提起されている。

多国籍企業が抱える課題についてはどうだろうか。たとえば，スポーツ用品を製造する多国籍企業が，世界中で使用されるサッカーボールの 7 割以上を，パキスタンでの児童労働によって製造していた実態を人権 NGO が告発したことで，国際サッカー連盟（FIFA）が児童労働で製造されたボールの使用を禁止したという事例がある。このような問題に対処するため，1999 年に国連のコフィ・アナン事務総長が，強制労働や児童労働の廃止などを謳い，人権，労働，環

5）具体例としては，対人地雷禁止条約（☞第 25 章）の締結を促進するための「対人地雷禁止キャンペーン」や，世界の貧困削減のための「ホワイトバンド」，女性差別撤廃条約の普及を目的としてセミナー開催などを行う「国際女性の権利監視協会（IWRAW）」や日本の「国連 NGO 国内婦人委員会」などが挙げられる（馬橋・斎藤 1998）。

6）たとえば，現地で森林保全活動を行う実働型であると同時に，各国代表が集う国際会議で森林伐採の問題を訴えるアドボカシー型の活動を，他の NGO とともにネットワークを形成して展開する環境 NGO などが存在しうる。

境，汚職に関して企業が守るべき10の原則をまとめた「国連グローバル・コンパクト」を提唱し，遵守を呼びかけた。今日では，世界各国で利潤を追求する企業であっても，世界や社会の一員として人権や環境などに配慮しなければならないとする「企業の社会的責任（CSR）」が求められるようになっている（奥村・夏目・上田 2006）。

NGOの活動資金は一般的に寄付で賄われているが，その活動が活発化，専門化して人員や予算を多く必要とするようになるにつれて，各国政府の助成を得て活動するNGOや，多国籍企業と連携するNGOもみられるようになってきた。このことに対し，世界的な課題の解決にさらに近づくと期待する見解がある一方，NGOが政府や企業の「下請け」に成り下がってしまっているのではないか，活動の専門化が進むことで，NGO本来の特徴である一般市民の参加や関与が難しくなっているのではないか，と問題視する見解もある。多国籍企業やNGOは，一体化する世界のなかでいかなる役割を果たし，他のアクターとどのように協働していくのかが問われている。

**まとめ** 本章で学んだことを自分自身の言葉でまとめてみましょう。

______________________________

______________________________

______________________________

______________________________

______________________________

**【討論ポイント】**

（1）多国籍企業が増加することは，世界各地の人々の生活にいかなるメリットとデメリットをもたらすと考えられるでしょうか。あなたの意見を明らかにしたうえで，議論してみましょう。

（2）NGOの具体的な活動の事例を以下の文献などで調べたうえで，NGOが行ってきた多様な活動の成果とその限界について考えてみましょう。

**【参考文献】**

①毛利聡子『NGOから見る国際関係――グローバル市民社会への視座』法律文化社，2011年。

②馬橋憲男・高柳彰夫（編）『グローバル問題とNGO・市民社会』明石書店，2007年。

③ストレンジ，S.『国家の退場――グローバル経済の新しい主役たち』櫻井公人（訳），岩波書店，2011年。

**【引用文献】**

馬橋憲男・斎藤千宏（編）『ハンドブック NGO――市民の地球的規模の問題への取り組み』明石書店，1998年。
奥村皓一・夏目啓二・上田　慧（編）『テキスト多国籍企業論』ミネルヴァ書房，2006年。
功刀達朗・毛利勝彦（編）『国際NGOが世界を変える――地球市民社会の黎明』東信堂，2006年。

# 第14章　国際テロリズム

## 14-1　テロの衝撃

Q. 14-1　「テロ」または「テロとの戦い」と聞いて，どのような事件を連想しますか。必ずしも「国際的」なものでなくても構いません。思いついたものがどのような事件で，その後どのような対処が行われたかを書いてみましょう。

A. 14-1

【解説1】

近年，国際関係論においてもテロに対する関心はますます高まっている。世界におけるテロの犠牲者数は，年間約1万5千人に及ぶ（図14-1）。発生件数も犠牲者数もこの10年間で倍になっている。

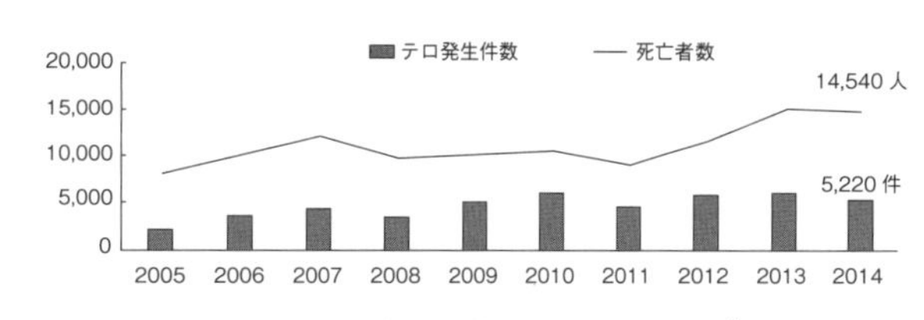


図14-1　テロ等発生件数および死亡者数 1)

Q. 14-1の具体的な例として，2001年9月11日に米国で起こった同時多発テロ事件（以下，9.11事件）を挙げた人は多いのではないだろうか。1979年12月にアフガニスタンに侵攻したソ連と戦ったイスラム教徒の戦闘員（いわゆるムジャヒディン）の一部が結成した過激派国際テロ組織アルカイダは，1980年代から反欧米路線を掲げ，主に中東地域でテロを繰り返していた。そのアルカイダが米国内で国内便の航空機をハイジャックして世界貿易センタービルに突っ込むなど，誰にも予想できなかった。この事件後，世界の安全保障環境は一変し，「テロとの戦い」「対テロ戦争」が世界的な標語となった。

あるいは，日本人7名も犠牲になった，2016年7月にバングラデシュの首都ダッカで起きたイスラム過激派によるテロ事件を書いた人もいるかもしれない。また，すでに20年以上が経過しているが，国内では1995年にオウム真理教という，当時は宗教法人だった組織が東京の地下鉄で猛毒サリンをまき，無差別テロを行ったことを連想した人もいるかもしれない（☞第22章）。

テロはいつどこで起こるか予想できず，戦争とは異なり事後的な対処では手遅れになってし

1）出典：首相官邸HP〈https://www.kantei.go.jp/jp/headline/heiwa_anzen.html（確認：2018年2月19日）〉を基に作成。

まうため，監視と諜報によって，いかにテロの発生を予防できるかが問われる。国際法上の戦争では否定的にみなされることの多い「先制攻撃」も，テロリストに対しては（場合によっては）実行されなくてはならない。報復をほのめかすことで相手の先制攻撃を思いとどまらせる「抑止」は，合理性をもたないテロリストには通じない（☞第22・第23章）。ましてや，自爆テロの場合は，そもそも報復対象となるテロ実行犯自体がすでにこの世にいない。先制攻撃容認の国際的に統一された基準を決めるのもきわめて難しい。

そもそも，何が「テロ」なのかの基準も主観的なものにならざるをえないのが現実である。国語辞典でのテロの定義は「政治目的を達成するために，暗殺・暴行・粛清・破壊活動など直接的な暴力やその脅威に訴える主義」[2)]である。だが，ある人々にとってはテロリストでも，別の人々にとっては「自由のために闘う戦士（freedom fighter）」ということもありうる。このように，テロは多くの困難な問題を国際社会に対して突きつけている。

もちろん，テロリズムそのものは昔から存在する。無政府主義者などによる要人暗殺の歴史は古いし，1960年代から1980年代にかけては，日本赤軍など左翼過激派によるテロが頻発した。空港での銃乱射や爆破，ハイジャック，大使館占拠などによって，左翼過激派集団の政治的な主張をアピールすることがこの時代のテロの主たる目的であった。

それでは現代のテロ，とりわけ国境を越えた国際テロにはどのような特徴がみられるだろうか。次節では，現代のテロの変容についてみてみよう。

## 14-2　現代テロリズムの変容

**Q. 14-2**　冷戦終結後の1990年代から現在に至るまでに世界各地で起こっている国際テロリズムについて，その特徴をまとめてみましょう。

**【解説2】**

テロ組織は二つの軸によって四類型に分類できる（宮坂2015）。まず，図14-2の縦軸において，「ナショナル」なテロ組織は，①構成員が同一国民または同一民族，②活動の多くが一国内で行われる，③組織の目的がナショナルなもの（出身国や活動拠点国での特定の政策の変更強要）といった特徴をもつ（ただし，これらすべての条件を満たしているとは限らない。以下も同様）。他方，「トランスナショナル」なテロ組織は，①構成員が多国籍または多民族，②活動が一国内に留まらない，③組織の目的が一国内での権力を求めるのではなく，複数国にまたがる新たな共同体の創造を目指す，あるいは，複数国の政策変更を強要するといった特徴をもつ。

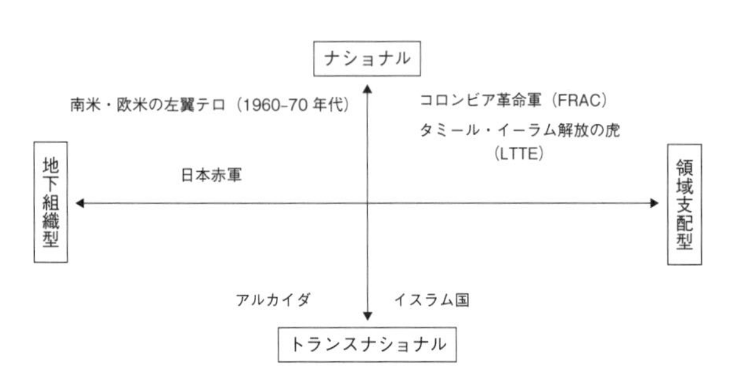


**図14-2　テロ組織の四類型**（宮坂（2015）を基に著者作成）

一方，図の横軸では，テロ組織は「地下組織型」と「領域支配型」に分けられる。前者は，拠点や構成員などを明らかにせず隠密に行動する組織で，後者は，強大化した結果，一定の領域を実効支配するに至っている組織である。もちろん，宮坂も断っているとおり，これらの分類はあくまで相対的・変動的なもの

2）出典：デジタル大辞泉〈https://dictionary.goo.ne.jp/jn/152939/meaning/m0u/（確認：2018年2月14日）〉。

であり，活動範囲や組織の性質は変わりうる。

近年のテロの傾向は，「トランスナショナル（国際的）」なテロ組織が台頭していることである。ナショナルなテロ組織がなくなったわけではないが，国境を越えるテロが国際的なテロ対策の取り組みの最大の焦点となっている。とりわけ，9.11事件を実行したアルカイダや，イラクやシリアなどを中心に中央政府の統治能力が及ばない地域で実効支配を拡大した「イスラム国（IS）」などは，構成員，活動範囲，組織の目的のどれをとっても，「トランスナショナル」な特徴を有している。各国政府が国内でテロ組織を特定し，治安機関を使って封じ込めることが可能であったナショナルなテロ組織とは異なり，一国の主権が及ぶ範囲を超えて，緩やかなネットワークでつながるトランスナショナルなテロ組織を封じ込めることは容易ではない。

また，こうした組織と正式なつながりはなくても，主張に共鳴した者たちが個人または少人数で，先進国内で行うテロ，いわゆる「ホームグロウン・テロ（home-grown terrorism）」も深刻な問題となっている。さらに，9.11事件のように大量殺人を可能にするテロが増えるに伴い，大量破壊兵器のテロ組織への拡散も危惧されている。こうした新しい傾向をみせるテロに対処するには，一国内での政策だけでは限界があり，国際的な統一行動が必要となる。次節では世界と日本のテロ対策についてみてみよう。

A. 14-2

________________________________________

________________________________________

________________________________________

________________________________________

## 14-3 テロリズムに対する国際的な取り組みと日本の対応

**【解説3】**

9.11事件以降，国際的なテロ対策における協力が急速に進んだ。国連の総会決議や安保理決議などでテロやテロ組織の資金源などについての情報交換，麻薬密売組織など国際的な越境犯罪組織などとのつながりの取り締まり強化，大量破壊兵器関連物資の闇取引の取り締まり強化などが促進された（植木2017）。また，破綻国家がテロの温床にならないように平和構築の重要性が認識されるなど（☞第4・第27・第28章），テロ対策の枠組みについても大きな変化が国際社会で起こった。すなわち，トランスナショナルなテロ組織に対抗するには武力による対応だけでは不十分で，平和構築で取り組まれているような政治的，法的，経済的，文化的，社会的な側面をも含む重層的で包括的なテロ対策が必要であるとの認識が共有されるようになったといえる（☞第27・第28章）。国連安全保障理事会は，9.11事件の翌日に決議を採択し，すべての加盟国に対して，テロを防止し，テロ組織を匿うことを拒否するよう要請した。

日本国内では，9.11事件以後，今までのところ大きなテロ事件は発生していない。しかしながら，国際的なテロ対策協力の進展とともに，日本も相応の対応を求められるようになった。2004年12月に，日本政府は出入国管理の強化やテロに使用される恐れのある物質の管理強化などを含む「テロの未然防止に関する行動計画」を発表した。この直接的なきっかけとなったのは，2002-03年にかけてアルカイダの構成員が偽造パスポートを使って4度日本に入国し，新潟県に潜伏していたことが明らかになったことだった。滞日中は，日本国内にいるパキスタン人などと連絡を取り合っていたという。潜伏中にその人物の存在や動きに気づかなかった日本の警察など関係機関は大きな衝撃を受け，その後，対策が強化されたのだった。

また，日本国内でのテロ発生や外国人テロリストの入国への対処だけでなく，日本人が海外でテロ組織に加わることへの新たな対処も必要になっている。2014年に日本人大学生がISに参加しようとしていることを警察が察知したものの，それを阻止するための適切な法律が存在しないことが問題となった。苦慮した警察は，海外でのテロ組織への参加を想定したものではない「私戦予備及び陰謀」の容疑で事情聴取と家宅捜査を行った。今後類似の事態が生じたときに，どのように対応すべきか考えておくことも課題になっている。

**まとめ** 本章で学んだことを自分自身の言葉でまとめてみましょう。

________________________________________

________________________________________

________________________________________

________________________________________

________________________________________

【討論ポイント】

(1) もし日本でテロ事件が起こるとしたら，どのような性質の事件になる可能性があるでしょうか。グループで話し合ってみましょう。

(2) これまで国際社会が取り組んできた対テロ政策の限界について調べてみましょう。そして，実際に起きた出来事を挙げて，どうすればよかったのかをグループで話し合ってみましょう。

【参考文献】

①安部川元伸『国際テロリズム――その戦術と実態から抑止まで』原書房，2017年。

②片山善雄『テロリズムと現代の安全保障――テロ対策と民主主義』亜紀書房，2016年。

③Townshend, C., *Terrorism: A Very Short Introduction*, 3rd edition, Oxford: Oxford University Press, 2018.

【引用文献】

植木安弘「国際化するテロリズムと国際社会の対応」東　大作（編）『人間の安全保障と平和構築』日本評論社，2017年，pp. 93-112。

宮坂直史「テロの潮流と日本の対策」遠藤　乾（編）『グローバル・コモンズ』岩波書店，2015年，pp. 215-243。

# 第 3 部
# 政治と経済

# 第15章 貿　易

## 15-1 貿易と人々の生活

**Q. 15-1** 貿易をさかんに行うことは，私たちの生活や経済活動にどのような影響を与えると考えられますか。人々が置かれているさまざまな状況（たとえば，農家や工場の従業員など）を想定したうえで，貿易の具体的な利点と問題点を挙げてみましょう。

**A. 15-1**

**【解説 1】**

国同士で商品（モノ）を売買する貿易は，古代より各地で行われてきたが，現代では世界全体で大量のモノが売り買いされている（表15-1）。輸出によって，自国の農産品や工業製品などを外国に売り込むことが可能となり，生産者や企業はより広い市場やビジネスチャンスを得ることができる。輸出量が増えて企業の業績が上がれば，そこで働く労働者の給料は上がり，より多くの人が仕事を得て雇用の拡大にもつながりうる。また，輸入によって，自国では手に入らない資源や原材料，自国よりも優れた安い商品などを得ることができる。輸入量が増えてさまざまな国から商品がもたらされることは，商品を選んで購入する消費者にとっては選択肢が増え，人々がさらに豊かな生活を送ることを可能にする。加えて，経済学で説かれている「比較優位」の考え方では，各国が貿易相手国よりも少ない機会費用で生産できる（比較優位をもつ）商品に特化して生産を行い，その商品を貿易によって交換することで，貿易を行わずに自国だけで生産と取引を行っている場合よりも多くの商品を世界全体で生み出すことが可能になるとされる。こうした種々のメリットから，貿易は奨励され，各国間で活発に行われてきたのである。

表 15-1　世界貿易の推移[1)]

| | 1948 | 1953 | 1963 | 1973 | 1983 | 1993 | 2003 | 2015 |
|---|---|---|---|---|---|---|---|---|
| 輸出額 | 59 | 84 | 157 | 579 | 1,838 | 3,688 | 7,380 | 15,985 |
| 輸入額 | 62 | 85 | 164 | 594 | 1,883 | 3,805 | 7,696 | 16,299 |

※単位：10億ドル。
※輸出額・輸入額とも小数点以下を四捨五入した概算値。

1）出典：WTO, World Trade Statistical Review 2016〈https://www.wto.org/english/res_e/statis_e/wts2016_e/wts16_toc_e.htm（確認：2018年1月4日）〉

さて，ここで表15-1を再び見てほしい。第二次世界大戦直後から現在に至るまで，世界全体の貿易額が増加し続けてきたことや，特に1990年代からは貿易額が桁違いに伸びていることがわかる。それでは，いったいなぜ，戦後世界で貿易の増大が続いてきたのだろうか。この疑問点を念頭に置いたうえで，次の問いについて考えてみよう。

## 15-2　戦間期以降の世界貿易の歴史

Q. 15-2　世界各国が貿易を自由に行うことは，国際関係においてどのような意味を有しているのでしょうか。20世紀の歴史を踏まえたうえで答えてみましょう。

**【解説2】**

1929年に米国のウォール街で発生した株価の大暴落に端を発した世界恐慌に対し，米国は輸入品に高い関税をかけることで自国の産業を守り，経済的混乱・大不況から逃れようと試みた。英仏は自国と植民地などの間で経済ブロックを形成し，その内部では自由に貿易を行う一方，外部の国々との貿易を制限するなど，当時の米英仏は自国の経済を守り，恐慌から脱するため保護貿易政策をとった。その結果，外国との貿易によって経済が成り立っていた国々は窮地に陥り（☞第16章），ドイツでは国民経済の立て直しを約束したアドルフ・ヒトラーの率いるナチス政権が台頭して東欧へと侵攻し（☞第3章），イタリアのファシスト政権はエチオピア（アビシニア）を侵略した（☞第8章）。そして日本は，資源や市場を求めて中国や満州（中国東北部）などアジア大陸への侵攻を加速させたのである（☞第31章）。こうして，保護貿易が一つの引き金となって，侵略とそれに続く第二次世界大戦が勃発してしまったことへの反省から，戦後は，高関税の政策や経済のブロック化を避けるため，貿易の自由化（自由貿易）が進められることになった。

大戦終結後の1945年11月に，国際貿易機関（ITO）を設立して世界全体の経済発展や各国の関税の引き下げなどを図ることが提唱された。ITO構想は貿易以外の雇用・投資などの分野についても自由化を推し進めようとする野心的な試みであったことから，大多数の国々で反対にあい，ITOの創設は実現しなかった。だが，1948年に，米国など一部の国々がITO設立のルールのなかから貿易自由化に関連する条項を取り出して，ITOが設立されるまでの暫定的な国際ルールとして適用することを決定する。ここで適用されたルールが，関税及び貿易に関する一般協定（GATT）であり，次第に協定への加盟国は増加し，設立できなかったITOに代わる戦後世界の貿易ルールとして定着していく。

GATTの特徴として，自由，無差別，多角主義の三原則が挙げられる。GATTは，多様な産業分野の関税の引き下げや，輸出自主規制など関税以外の保護貿易の手段（非関税障壁）のルール化により，自由な貿易を推進した。その際，GATT加盟国は関税率などの貿易条件を貿易相手国によって差別してはならないとし，ラウンドと呼ばれる加盟国全体での多角的な貿易交渉をたびたび行い，ルールの形成が図られた。1980年代には，先進国の産業の高度化や技術革新に伴い，GATTには規定がないサービス貿易（☞第12章）や知的財産権に関するルールが求められるようになる。1986年から1994年に開かれたウルグアイ・ラウンドを通じて，上記分野の協定や，貿易関連の国際紛争を解決していく手続きを定めた協定などが取り結ばれ，1995年にGATTを発展させる形で，世界貿易機関（WTO）が設立された。約半世紀の時を経て，かつてITOとして構想された貿易に関する国際機構が設立されたのである。2001年には，WTO発足後初のラウンドであるドーハ開発アジェンダ（ドーハ・ラウンド）が開始された。だが現在，WTO 加盟国は 160 を超え，先進国と途上国の立場には大きな違いがあることなどから，WTO による世界的な貿易ルールの合意形成は難航している（中川 2013）。

A. 15-2

## 15-3 貿易による相互依存と国際政治経済

**【解説 3】**

貿易が推進されることは，国際関係をどのように変化させるのだろうか。貿易は商いにより利益を得ようとする商業の精神を各国の人々に根づかせることになる。また，各国の輸出入の量が増大することは，国同士の経済的な結びつきを強めることになる。貿易を通じた国際的な商業活動が活発化した 18 世紀の欧州ではすでに，「商業の自然な効果は，平和へと向かうことにある。ともに通商を行っている二つの国民は，相互に依存するようになる」（モンテスキュー 2016：221）と論じられ，「商業精神は，戦争とは両立できない」（カント 2009：74）ことが指摘されていた。これらの観点は，20 世紀後半の貿易の自由化と拡大を分析する現代の国際関係論において，各国の経済的な「相互依存（interdependence）」の理論に取り入れられている。相互依存論は基本的に，貿易拡大による相互依存関係の深化において，各国が自国の経済を成り立たせるために互いを必要とすることから，相互に戦争を避け，協調的な関係を維持するようになることを主張する。

しかし，実際の相互依存関係はより複雑で政治的である。貿易を行う国同士が同じ程度に相手国を必要とする「対称的相互依存」の関係だけでなく，互いに貿易を行う国のうち，ある一国が他国をより強く必要とする「非対称的相互依存」の関係も現実にはおおいにありうる。この非対称的な経済関係は，国際政治上の力関係にも影響し，「敏感性」と「脆弱性」の二つの指標によって，相互依存状況下にある各国の力関係を分析することができる。

敏感性とは，貿易を行っている国々が大きく政策を変更しない状況下で，ある国の何らかの動きや変化に貿易相手国がどの程度敏感に反応するかを示す度合いを意味する。たとえば，現在の日本は，米国と中国への輸出額が突出していることから，米中が経済不況に陥り，日本から輸出される製品が売れなくなった場合には，日本の企業は他の国々へ輸出を拡げるなどの対応を迫られるため，日本の敏感性は高いといえる。

他方の脆弱性とは，貿易を行っている国々のうち，ある国が政策を大きく変更した際，それに対応するために貿易相手国がどの程度の費用を負わなければならないかを示す度合いを意味する。たとえば，日本は現在，産業活動や国民生活に必要不可欠な石油の多くを特に中東の産油国から輸入している。よって，産油国が日本への石油輸出を停止する政策や高値での石油輸出などの政策をとった場合，中東からの石油輸入に代わる手段や選択をとるための費用が大きく，日本経済は大きなダメージを受けることになる。このとき，日本の脆弱性は高く，日本以外にも石油を販売する相手国をもつ中東の産油国は脆弱性は低いといえる。

このように貿易相手国に比べて敏感性と脆弱性が低い国は，相手国に対する国際政治上のパワーをもっていることになり，特に，脆弱性がより高い国に対しては強力なパワーを有するのである。だが，こうした力関係は変化する可能性がある。近年，シェールガス革命と呼ばれる技術革新によって，これまでは困難だった地層からの石油採掘などができるようになり，米国では大量の石油やガスが利用可能となった。これにより，米国が産油国となって日本への輸出を大量かつ安価に行うようになった場合には，中東の産油国に対する日本の脆弱性は緩和され，中東の産油国が日本に対してもつパワーが減少する。かくして，技術発展は国際経済の有り様を変容させ，経済上の動きが国際政治の有り様を変化させうるのである（☞第21章）。

**まとめ** 本章で学んだことを自分自身の言葉でまとめてみましょう。

____________________________________________

____________________________________________

____________________________________________

____________________________________________

____________________________________________

【討論ポイント】

（1）貿易を通じて各国の経済的な相互依存が進むことは，戦争を防ぎ平和な世界を作ることにつながると思いますか。肯定，否定の双方の立場から議論してみましょう。

（2）自由貿易を今後も世界全体で進めていくことについて，あなたはどう考えますか。WTOによるグローバルな貿易の自由化とルール化に代わり，二国間や地域的な自由貿易協定（FTA）の交渉と締結が進む現状を調べたうえで，自身の意見を論じてみましょう。

【参考文献】

①飯田敬輔『国際政治経済』東京大学出版会，2007年。
②小林友彦・飯野　文・小寺智史・福永有夏『WTO・FTA法入門――グローバル経済のルールを学ぶ』法律文化社，2016年。
③コヘイン，R. O.・ナイ，J. S.『パワーと相互依存』滝田賢治（監訳），ミネルヴァ書房，2012年。

【引用文献】

カント，I.『永遠平和のために 改版』宇都宮芳明（訳），岩波書店，2009年。
中川淳司『WTO――貿易自由化を超えて』岩波書店，2013年。
モンテスキュー『法の精神』井上堯裕（訳），中央公論新社，2016年。

# 第16章　金　　融

## 16-1　世界金融危機

Q. 16-1　資本（カネ）が国境を越えるとは，どういうことでしょうか。私たちの生活にどのような影響を及ぼしているでしょうか。

A. 16-1

**【解説 1】**

カネの流れといわれても，所得税や社会保険料を支払ったり，銀行で住宅ローンを組んだ経験のない学生の皆さんにとっては，実感がわかないかもしれない。だが，皆さんの生活は，確実に世界的なカネの動きに影響を受けている。図 16-1 を見てみると，国内総生産（GDP）成長率で表される世界的な景気の動向と日本の学生の就職内定率が相関していることが読み取れるだろう。2009 年に成長率が大きく落ち込んだ翌 2010 年から 2011 年にかけて，就職内定率が下がっていることがわかる。では，この頃，何が起きたのだろうか。

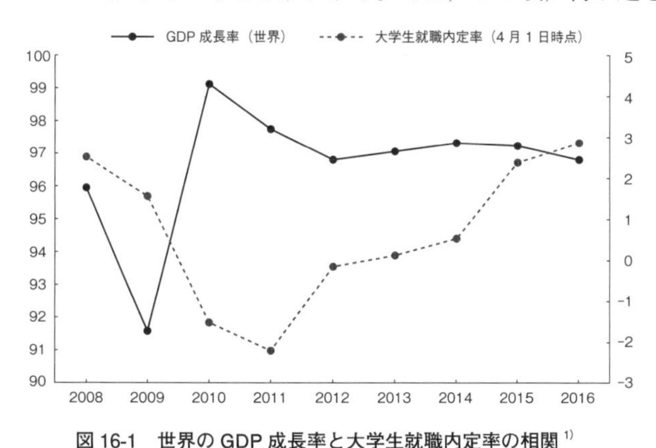


図 16-1　世界の GDP 成長率と大学生就職内定率の相関 1)

2008 年秋から 2009 年にかけ，世界金融危機が発生した。事の発端は，米国のサブプライム・ローン問題であった。このローンは，信用力の低い低所得者向けの住宅ローン（変動金利）であるが，証券化され世界中で販売されていた。しかし，2004 年頃から米国で金利が上昇すると，住宅価格が下落し，ローン利用者の多くが返済不能となった。2007 年春には同証券の価格が暴落し，証券を保有する金融機関が巨額の損失を被っ

1）出典：厚生労働省 HP「平成 28 年度大学等卒業者の就職状況調査（4 月 1 日現在）について」〈http://www.mhlw.go.jp/stf/houdou/0000164865.html（確認：2018 年 3 月 6 日）〉；GDP growth（annual %）World Bank national accounts data, and OECD National Accounts data files. 〈https://data.worldbank.org/indicator/NY.GDP.MKTP.KD.ZG（確認：2018 年 3 月 6 日）〉

た。その一つが，米国の大手投資銀行リーマン・ブラザーズであり，2008年9月に経営破綻した。「リーマン・ショック」は，株価の下落，失業者の増加など世界的な景気後退を招き，「100年に一度の金融危機」が懸念された。2009年，先進各国は，マイナス成長を記録した。

危機的状況に直面した各国は，国際協調を通じて機動的に対応した。金利の引き下げや財政支出の拡大による景気対策を協調して実行したのである。その舞台となったのが，2008年11月，ワシントンで初開催された20カ国・地域首脳会議（G20サミット）であった。ここには，米国，日本，ドイツといった旧来の先進国ばかりでなく，当時，世界の経済成長を牽引しはじめていた中国，インド，インドネシア，ブラジル，トルコなどの新興国も参加した。結果として，早くも2010年には，先進各国がプラス成長に転じた。

## 16-2　国際通貨体制

**Q. 16-2**　通貨や為替は，どのような仕組みで管理されてきたのでしょうか。

**【解説2】**

中央政府や中央銀行，共通通貨を欠くアナーキーな世界で，貿易や投資など国境を越えた経済活動を円滑に行うには，各国通貨間の交換に関する取り決めが欠かせない。第二次世界大戦末期の1944年7月，当時圧倒的な経済力を有していた米国は，自国で国際会議を催し，ブレトンウッズ体制を構築した。ここで採用された通貨制度は，金と基軸通貨ドルとの交換を一定の割合で保証する金ドル本位制であり，ドルと各国通貨の間の為替レートを一定に保つ固定相場制（たとえば，1ドル＝360円）であった。西欧諸国や日本は，有利な為替条件のもと，1950年代に戦後復興を果たし，1960年代には高度経済成長を遂げることになる。

その一方で，1960年代後半の米国では，軍事費や社会保障費の増大を受け，財政状況が悪化しはじめた。また，1970年代に入ると，輸入額が輸出額を上回り，経常収支の赤字に陥った。こうして，ドルの信認が低下し，米国保有の金が国外に流出するドル危機が発生するなかで，米国のリチャード・ニクソン大統領は，1971年8月，金とドルの交換を一方的に停止した（ニクソン・ショック）。1973年には，固定相場制から変動相場制へと移行することになる。また，同年，第四次中東戦争をきっかけに石油危機が発生し，先進各国は，景気後退とインフレーションが同時に進行するスタグフレーションに陥った。

このように，1970年代に経済的困難に直面した先進各国であったが，国際協調を通じて経済秩序の維持に努めた。1975年にフランスで初めて開かれた主要国（先進国）首脳会議（G7サミット）は，その後定例化され，年一回開催されている。これは，世界恐慌（1929年）後，高い失業率など国内の経済的苦境を克服するにあたって，各国が，自国通貨の切り下げ，関税の引き上げなどの「近隣窮乏化政策」を採用した結果，経済状況のいっそうの悪化と政治的な混乱を招いた経験の反省に基づくものであった（☞第15章）。

ところで，1945年12月，為替相場の安定を目的として，国際通貨基金（IMF）が創設された。1947年3月に業務を開始した同基金は，国際収支の悪化，外貨準備の不足などに陥った国々に対して，短期的な資金を融資する。意思決定に際しては，出資割当額に応じた加重投票権が与えられている。2016年1月の第14次増資発効後の上位3か国は，米国17.41%，日本6.46%，中国6.39%となっている。21世紀に入り，経済成長の著しい中国は，第6位（4.00%）からの増資となった。とはいえ，総務会での重要事項の議決に際しては，85%以上の賛成が必要とされており，米国が事実上の拒否権を握り続けている。

A. 16-2

## 16-3 資本移動の自由化

【解説 3】

1980年代，多くの先進国では，新自由主義（経済学でいうネオリベラリズム）に基づく経済政策が採用された。これは，「小さな政府」を求め，市場の役割を重視する考え方である。米国のロナルド・レーガン政権や英国のマーガレット・サッチャー政権，日本の中曽根康弘政権は，減税，歳出削減，国有企業の民営化，規制緩和などとともに，金融市場の自由化を推進した。1990年代には，バブル経済崩壊後の「失われた20年」に突入した日本を尻目に，旧共産主義諸国の市場経済への参入，東アジア途上国の離陸（「東アジアの奇跡」；☞第17章），情報技術（IT）革命を契機とした米国経済の復調などがみられた。世界経済が成長軌道に乗ると，国境を越える資本の流れが加速した（☞第1章）。

資本移動のグローバル化は，正と負の両側面を伴う。生産要素の一つである資本が世界規模で効率的に配分されることは，生産性の向上に寄与する一方で，ときとして，金融危機を誘発する原因にもなる。ITが普及した1990年代以降，有利な運用先を求めるヘッジファンドなどの金融機関を通じた投機的な資金の国際移動が顕著である。こうした短期的な資本は，途上国が急速に成長する原資を提供する一方で，逃げ足も速く，途上国の経済を混乱に陥れることがある。そして，グローバル化した経済において，いずれかの国が危機に陥ると，負の影響は，国境を越えて連鎖することになる。

典型例が，アジア通貨危機（1997–98年）である。その震源地はタイであった。輸出主導型の経済発展を目指す同国は，自国通貨バーツの為替レートをドルに連動させるドル・ペッグ制を採用してバーツの信用度を高め，外資導入を積極的に進めた。その結果，短期資本が株式や債券，不動産などの資産に流入し，好景気をもたらした。だが，1990年代半ばからのドル高＝バーツ高を受け，タイ経済後退の見通しが強まると，1997年7月，短期資本は一斉に海外へ引き上げた。タイ政府は，為替市場へ介入し，ドル・ペッグ制の維持を試みたが，外貨準備の不足によりバーツが急落し，タイ経済は，景気後退局面に陥った。また，タイと似通った経済構造をもつ韓国やインドネシアなどにも危機が波及し，政治・経済の混乱や社会不安を招いた。こうした国々に対して，IMFは短期融資を提供したが，引き換えに，コンディショナリティ（融資条件）として，市場原理を重視して政府の役割縮小を求める「構造調整プログラム（政策）」の実施を課した（☞第18章）。だが，不況下の緊縮財政や市場開放は，弱者にしわ寄せが及び，貧富の格差を拡大させる傾向があった。

このように，1980年代以降，資本の移動が自由化され，国境を越えて影響を及ぼすようになった。国際金融を管理し，危機時の対応を担うのは，世界一の経済力と軍事力を有する覇権国の米国であり，その強い影響下にあるIMFである。米国の経済官庁，ウォール街の民間金融機関，IMFや国際復興開発銀行（世界銀行）などの国際金融機関に属するエコノミストたちの間では，市場競争の優位性を掲げる新自由主義的な「ワシントン・コンセンサス」が共有されているといわれる。それに対し，国有企業が国内経済に占める役割が大きい中国経済が台頭するにつれ，資本主義経済における国家の役割を重視する「北京コンセンサス」が成立しつつあるともいわれる。

**まとめ** 本章で学んだことを自分自身の言葉でまとめてみましょう。

【討論ポイント】

（1）第二次世界大戦終結から今日まで，世界第1位の経済力を誇る米国は，国際的な通貨・金融体制において，どのような役割を果たしてきたでしょうか。

（2）米国は，経常収支の赤字と財政収支の赤字という「双子の赤字」を抱える世界最大の債務国です。そのような国が，国際金融を管理する役割を担えるのはなぜでしょうか。また，その問題点は何でしょうか。

【参考文献】

①田所昌幸『国際政治経済学』名古屋大学出版会，2008年。

②ギルピン，R.『グローバル資本主義――危機か繁栄か』古城佳子（訳），東洋経済新報社，2001年。

③キンドルバーガー，C. P.・アリバー，R. Z.『熱狂，恐慌，崩壊――金融危機の歴史』高遠裕子（訳），日本経済新聞出版社，2014年。

# 第17章　貧　困

## 17-1　広がる経済格差

Q. 17-1　最近，格差や貧困などの文言を含む書籍が話題を集めていますが，身近なところで見聞きしている範囲内で想像できる貧困のイメージを書いてみましょう。

A. 17-1

**【解説 1】**

大学で国際関係論などの授業を受けた学生たちがよく口にするのは，「世界の紛争や貧困について学ぶことで，いかに自分が生きている環境が恵まれているのかがよくわかった」という言葉だが，実際には日本でも貧困が深刻なレベルになっていることを，どのくらいの人たちが認識しているだろうか。2015年度文部科学省の調査によれば，就学援助を受けなければ給食や学用品の費用を払うことができない小中学生の割合が約16%に達した。これは，全体の6人に1人に相当する。国連の報告によれば，日本の子どもの相対的貧困率は，先進諸国20か国のな

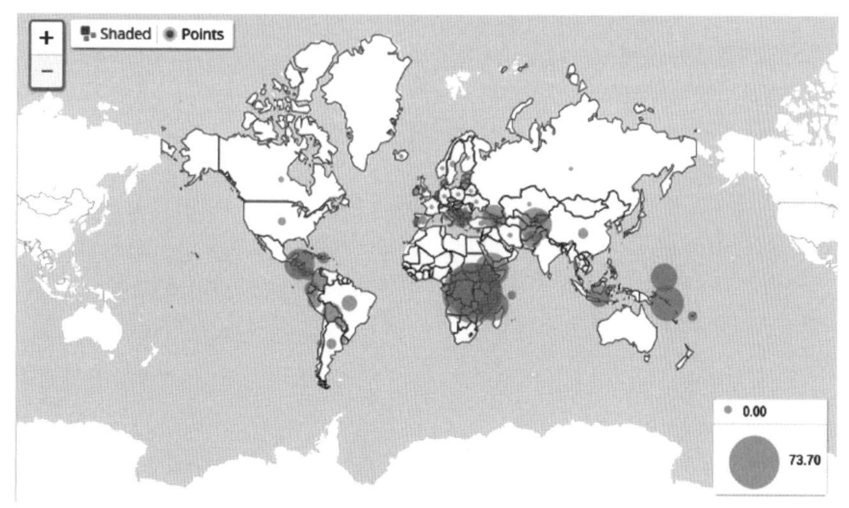


図 17-1　地図で見る世界の貧困率 2013 年 [1]

1）出典：世界銀行 HP〈http://www.worldbank.org/ja/news/feature/2014/01/08/open-data-poverty（確認：2018 年 4 月 5 日）〉

かで，アメリカ，スペイン，イタリアに次いで4番目に高いという。豊かな日本に暮らす皆さんは，このような統計を聞いて驚くのではないだろうか。

目を日本から世界へ転じてみよう。世界銀行は2015年10月以降，国際貧困ラインを2011年の購買力平価に基づき，1日1.90ドル未満で生活する層と定義している（それ以前は1.25ドル未満）。この定義による貧困層の分布を示したのが，図17-1の地図である。主にアフリカ，南アジア，中東，東南アジア，中米に集中していることがわかる。とりわけ，サハラ以南のアフリカは，貧困率が40%を超えている。

ただし，約30年前と比べると，世界の貧困層の数は大きく減少している。国連ミレニアム開発目標（MDGs）や持続可能な開発目標（SDGs）をはじめとして，これまでの国際社会の開発支援の取り組みが功を奏した結果といえるだろう（☞第18章）。1990年に18億6400万人（35.3%）だった貧困層が，2013年には7億6800万人（10.7%）に減少した。しかしながら，世界全体としては貧困層が減少しているにせよ，特定の地域における富裕層と貧困層の格差の拡大が近年問題となっており，依然として貧困脱却のための課題は多い。

では次に，こうした国際的な貧困を説明する国際関係論の理論にどのようなものがあるのかをみてみよう。

## 17-2　国際的な経済格差の問題

**Q. 17-2**　豊かな先進国が集中する北半球と，貧困に苦しむ発展途上国が集中する南半球との間の経済格差に基づく政治的・経済的諸問題のことを，一般に，「南北問題」あるいは「南北対立」と呼びますが，なぜこのような問題が生じるのでしょうか。

**【解説2】**

先進諸国が経済発展を遂げれば，途上国も先進国の経済発展の恩恵（先進国への支出増など）を受けて，あとを追うように経済発展できると説く近代化論に対しては，従属（理）論という国際関係理論が批判を展開している。従属論によれば，先進国の経済発展は途上国の犠牲の上に成立しており，こうした先進国（「中心国」）と途上国（「周辺国」）の間の搾取・被搾取の関係が修正されない限り，両者の間の経済格差はますます広がっていくという，近代化論とはまったく反対の結論を導いている（ガルトゥング1991）。さらに従属論では，「中心国」と「周辺国」内部にも，それぞれ中心層が周辺層を搾取する構造が存在し，先進国内の中心層と周辺国内の中心層が「結託」して，この搾取の構造を維持しているとみる（図17-2）。

先進国が自身の経済発展の成功体験に基づいて，途上国に対して多額の経済支援を行うケースを考えてみよう。たとえば，非民主主義的な政府が統治する途上国では，指導者の近親者は豊かになるかもしれないが，国民全体にまでその恩恵が行き渡らなければ，まさにこの搾取の構造が説得力をもつことになってしまうだろう。たとえ国全体の経済発展が実現したとしても，これでは周辺層の人々はいつまでたっても貧困から抜け出せないことになる（☞第16章）。

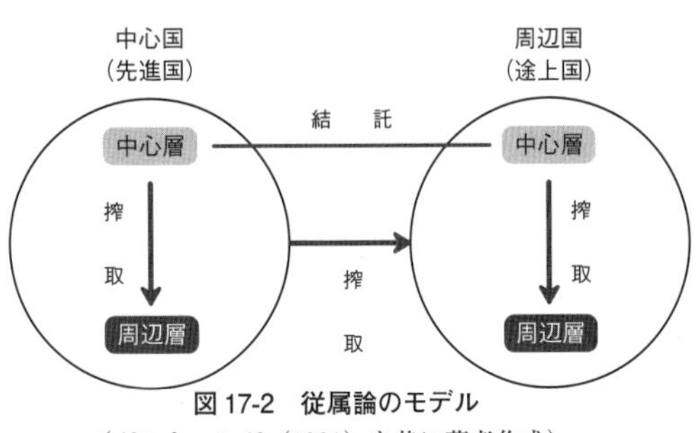


図17-2　従属論のモデル
（ガルトゥング（1991）を基に著者作成）

ただし，このような従属論の考え方に対しては異論もあった。高度経済成長を遂げた日本を追うようにして，1970年代から1980年代にかけて香港，シンガポール，韓国，台湾が急速な経済成長を遂げ，「新興工業経済地域（newly industrializing economies：NIEs）」と呼ばれて注目を浴びた。東南アジア諸国の経済発展と合わせて，1990年代には，「東アジアの奇跡」（1993年世界銀行報告書）と呼ばれることになる（☞第16章）。これらは近代化論が説く通り，先進国の経済発展がその周辺国・地域にも恩恵をもたらしており，従属論はもはや妥当ではないという見方も生まれた。しかし，昨今の世界的な経済格差の拡大と，貧困を一因とする紛争への関心が高まったことにより，再び従属論が注目を集めている。

A. 17-2

________________________________________

________________________________________

________________________________________

________________________________________

## 17-3 「最底辺の10億人」にどう対処すべきか

**【解説3】**

開発経済学者のポール・コリアーは，「紛争の罠」「天然資源の罠」「内陸国であることの罠」「劣悪なガバナンス（統治）の罠」という四つの罠にとらわれた最貧国（主としてサハラ以南のアフリカ諸国）に住む人々のことを「最底辺の10億人（The Bottom Billion）」と呼んだ。この「10億人」が現在は8億人弱にまで減少していることは，第1節で触れた通りである。

それでは残る約8億人の貧困層の削減のために，どのようなことを優先的に行っていけばよいのだろうか。まず，貧困に陥っている国々においては，そこに住む人々の50%から80%が農業または農村での仕事に従事しているため，食糧不足と低収入の両方に対処するには農業開発の支援が必要となるであろう。たとえば，コメの生産は品種改良によってアフリカへも移転可能であり，1960年代後半にアジアではじまったコメの生産量の大幅な増大（「緑の革命」）がアフリカでも実現可能であるとされている。アジア諸国における「緑の革命」に対して，政府開発援助（ODA）など日本の支援が果たした役割は大きい。同様に，今日のアフリカ諸国の貧困削減を目的とした農業開発支援に関しても，栽培法などの技術支援において日本が貢献できるであろう。また，先進国の政府だけでなく，一般市民の間でも，途上国の貧困の現実や，より公平な貿易のあり方（フェア・トレード）について，理解を深めることも大切であろう（☞第18章）。

**まとめ** 本章で学んだことを自分自身の言葉でまとめてみましょう。

【討論ポイント】

（1）本章で取り上げた貧困の現実が実際にみられる国を具体的に取り上げて，どの程度深刻な問題となっているのかをグループ内で話し合ってみましょう。

（2）貧困削減のための従来の国際的取り組みについて，その反省点を踏まえつつ，今後どのような新たなアプローチが可能かを論じてみましょう。

【参考文献】

①高橋和志・山形辰史（編）『国際協力ってなんだろう――現場に生きる開発経済学』岩波書店，2010年。

②大塚啓二郎『なぜ貧しい国はなくならないのか――正しい開発戦略を考える』日本経済新聞出版社，2014年。

③コリアー，P.『最底辺の10億人――最も貧しい国々のために本当になすべきことは何か？』中谷和男（訳），日経BP社，2008年。

**【引用文献】**

ガルトゥング，J.『構造的暴力と平和』高柳先男・塩屋　保・酒井由美子（訳），中央大学出版部，1991年。

# 第 18 章　開発と援助

## 18-1 「持続可能な開発目標（SDGs）」と開発援助

Q. 18-1 「先進国が途上国に支援する」と聞いて，どのような形の支援を思い浮かべますか。あなたが知っている，または，想像できる支援のあり方を書いてみましょう。具体的な国名や地域を挙げても構いません。

A. 18-1

【解説 1】

世界銀行の発表によると，2013 年の時点で 1 日 1.90 ドル未満で暮らす「極度の貧困層」は，世界で 7 億 6800 万人（全人口の 10.7%）いるが，2002 年までは 15 億人を超えていたことを考えると，ほぼ半減していることがわかる[1)]。2000 年に「国連ミレニアム開発目標（MDGs）」のなかで，目標の一つとして掲げられた貧困と飢餓の撲滅は，現在に至るまで大きな改善をみせているといえる。

しかしながら，貧困層の数は減っていても，多くの国々の国内で，あるいは，先進国と途上国の間で，経済格差の拡大が起こっている（☞第 17 章）。とりわけ，発展途上国のなかには，国際社会の支援なしには自力で飢えや貧困から抜け出すことが困難な国や，紛争のために十分な医療や福祉の恩恵を受けられない国が依然として存在している。特に，極度の貧困層の 80%を占める南アジアやサハラ以南のアフリカの地域では，この割合がさらに上昇するとみられている。こうした取り残された地域・人々への支援が遅々として進まない現実を前に，援助する側（ドナー）にも「援助疲れ」がみられるようになり，新たなアプローチが必要となった。

図 18-1　17 の持続可能な開発目標（SDGs）（一部抜粋）[2)]

そこで，2015 年には，MDGs を引き継ぐものとして，「持続可能な開発目標（SDGs）」が 193 のすべての国連加盟国によって合意された。SDGs は，17 分野の目標を新たに掲げ，2030 年までの達成を目指

1）出典：世界銀行 HP〈http://www.worldbank.org/ja/news/feature/2014/01/08/open-data-poverty（確認：2018 年 3 月 6 日）〉

している。そのなかで最初に掲げられているのが，「目標1：貧困をなくす」である（図 18-1）。いまだ7億人以上の極度の貧困層が，十分な食料やきれいな飲料水，衛生施設にアクセスできずにいる現状を踏まえ，2030年までに「あらゆる場所のあらゆる形態の貧困に終止符を打つ」としている。

## 18-2 開発援助における近年の潮流

**Q. 18-2** 1990年代以降の開発援助には，どのような特徴がみられるでしょうか。それ以前との違いを整理しましょう。

**【解説2】**

途上国の開発を成功に導くには，経済成長と所得増加が必要になる。しかしながら，1980年代に国際通貨基金（IMF）や世界銀行が主導した「構造調整プログラム（政策）」が，かえってサハラ以南のアフリカ諸国の経済成長を阻害し，政治的な混乱を巻き起こしたことで挫折した。構造調整プログラムとは，可能な限り経済活動を市場原理に委ねる考え方に基づき，政府の介入や規制を縮小するよう国内制度改革を途上国政府に求める政策である（☞第16章）。その反省を受け，1990年代以降は，開発援助に新たな潮流が生まれることになった。そのなかで重視されるようになったのが，ガバナンスと援助協調である（下村他 2016）。

前者のガバナンス重視の姿勢は，経済制度改革だけでは不十分で，「グッド・ガバナンス（良い統治）」が不可欠との認識からきている。具体的には，政府の権力の透明性，法の支配，公的部門の能力，汚職・腐敗の抑制，過度の軍事支出の抑制といった点で改善を求める政策を意味する。

また，後者の援助協調とは，開発援助を行うさまざまな国家や国際機関の思惑があるなかで，活動の重複や方針の違いなどで援助の効率性を阻害しないよう，援助する側で政策調整を行うことを指す。しかし，近年，経済協力開発機構（OECD）の開発援助委員会（DAC）や世界銀行など伝統的な国際支援機関の影響力が低下し，反対に伝統的な国際支援機関からの独立性を求める中国やインドなどの新興国の影響力が開発援助分野においても高まっているため，ドナー間の援助協調は難しくなりつつある。どのような開発援助のあり方が効果的なのかをめぐって，いまだ議論は続いている（下村他 2016）。

**A. 18-2**

______________________________

______________________________

______________________________

______________________________

2）出典：外務省HP「2015年版　開発協力白書」〈http://www.mofa.go.jp/mofaj/gaiko/oda/files/000137906.pdf（確認：2018年3月6日）〉。

## 18-3 日本の政府開発援助（ODA）政策

**【解説3】**

1952年のサンフランシスコ講和条約の発効とともに，日本は国際社会への復帰を果たした。その2年後の1954年から，日本はアジア諸国に対して技術協力を開始しており，これが最初の日本によるODAとされている。1950年代から1960年代にかけて供与された日本のODAの主たる目的は，太平洋戦争において日本が侵略した東南アジア諸国（ビルマ（現在のミャンマー），フィリピン，インドネシアなど）に対する（事実上の）賠償であった（福島2015）。

しかしながら，戦後賠償の支払いが終わった1970年代以降は，日本のODAは開発援助へと移行していく。背景には，国際的な援助の潮流が，経済成長を志向するものから途上国の貧困に焦点を当てるものに変わっていたことと，賠償が完了して国民に援助を続ける目的を示さなくてはならないことがあった。そこで，日本も「ベーシック・ヒューマン・ニーズ」を積極的に支援することを表明した[3]。これは，食料，住居など生活するうえで必要最低限の物資や，安全な飲み水，衛生設備，保健，教育など，人間としての基本的なニーズを指す。そのほかにも，日本は，発電施設など経済・社会インフラの整備や人材育成において途上国支援を行ってきた。憲法第9条の制約上，軍事的な国際貢献ができない日本にとって，ODAによる途上国の開発援助は重要な国際貢献の手段の一つであった。1989年には，日本のODAは米国を抜いて，世界第1位の援助額（支出総額で100億7674万ドル）となった[4]。日本政府は，国際貢献に対する積極的な姿勢を内外に示すため，①環境と開発の両立，②軍事的用途の回避，③軍事支出・大量破壊兵器等に十分注意，④民主化・人権等に十分注意の4原則を掲げる「ODA大綱」を1992年に閣議決定した。

ここでODAの形式について簡単にみておこう。図18-2に示されている通り，ODAには「二国間援助」と「国際機関を通じた援助（多国間援助）」の二種類がある。さらに，二国間援助には，「政府貸付」と「贈与」の二種類がある。前者は，途上国が返済することを前提とした有償の資金協力（円借款）であり，後者は，返済義務を課さない「無償資金協力」と日本の先進的な技術を伝えて人材を育成する「技術協力」を含む。

1990年代には，国連開発計画（UNDP）が提起し，日本政府が後押しした「人間の安全保障」が国連で議論された。これは，従来の国家中心的な安全保障論を補完し，人間一人ひとりを恐怖（紛争，自然災害，大量破壊兵器，小型武器，感染症，テロ，人権侵害など）と欠乏（貧困，飢餓，教育機会，保健医療，ジェンダー平等の欠如など）から守るための理念として注目された。これが日本の開発援助政策にも反映されていく。2003年に「ODA大綱」が改定され，従来の貧困削減や被援助国の自助努力といった方針に加えて，人間の安全保障支援と平和構築支援が含められた。また，この新大綱では，より密接に国益に結びつく分野への資金提供に重点が置かれ，「日本の安

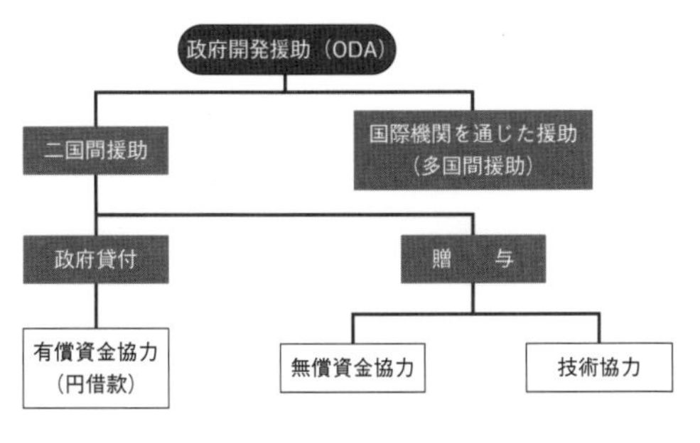


図18-2　ODAの種類[5]

---

3）出典：外務省HP「ODA50年の歩み」〈http://www.mofa.go.jp/mofaj/gaiko/oda/shiryo/pamphlet/oda_50/ayumi2.html（確認：2018年3月6日）〉

4）出典：外務省HP〈http://www.mofa.go.jp/mofaj/gaiko/oda/shiryo/pamphlet/oda_50/seika1.html（確認：2018年3月6日）〉

5）出典：国際協力機構（JICA）HP〈https://www.jica.go.jp/aboutoda/basic/03.html#a01（確認：2018年3月6日）〉

全と繁栄や国民の利益の増進」が明記された。さらに，2015年には，ODA大綱は「開発協力大綱」と改称され，開発援助の担い手が政府だけに限定されるものではないことを示した。これは，平和構築が活動内容と担い手の両方において多様化している現状を受けて（☞第28章），国連平和維持活動（PKO）などの国際平和活動に参加する自衛隊との連携による開発援助をも視野に入れており，開発と安全保障の連結がいっそう明確になっている。

**まとめ** 本章で学んだことを自分自身の言葉でまとめてみましょう。

______________________________

______________________________

______________________________

______________________________

______________________________

【討論ポイント】

（1）「持続可能な開発目標（SDGs）」とは，どのような理念でしょうか。掲げられている具体的な目標を調べてみましょう。

（2）そもそも，なぜ途上国に対する開発援助が日本にとって必要な活動なのでしょうか。新ODA大綱（2003年）と開発協力大綱（2015年）の具体的な内容を調べ，日本の国益とのつながりについてどのように感じたかをグループ内で話し合ってみましょう。

【参考文献】

①青山和佳・受田宏之・小林誉明（編）『開発援助がつくる社会生活――現場からのプロジェクト診断 第2版』大学教育出版，2017年。

②下村恭民『開発援助政策』日本経済評論社，2011年。

③アンダーソン，M. B.『諸刃の援助――紛争地での援助の二面性』大平　剛（訳），明石書店，2006年。

【引用文献】

下村恭民・辻　一人・稲田十一・深川由起子『国際協力――その新しい潮流 第3版』有斐閣，2016年。

福島安紀子「開発援助と安全保障の連関」遠藤　乾（編）『グローバル・コモンズ』岩波書店，2015年，pp. 275-307。

# 第19章　国際移民

## 19-1　世界の人口移動の実態

Q. 19-1　いま世界で，より良い暮らしを求めて国境を越えて移動する人々は，どれくらいいると思いますか。また，どの地域からどの地域への移動が多いと思いますか。ここでは紛争や政府による迫害から逃れて国外へ出る難民は除くものとします。

A. 19-1

______________________________

______________________________

______________________________

______________________________

**【解説1】**

移民といえば，途上国から先進国へ移住する人々のことだと思われるかもしれないが，実際には，先進国間の移住が全体の3分の1，途上国間の移住が3分の1，残りの3分の1が途上国から先進国への移住となっている。しかし，その分布は各国によって大きく異なっており，たとえば，オーストラリアやスイスでは，国全体の人口に占める移民の割合は20%を超えている（キーリー 2010）。2016年半ば時点で全人口に占める移民の割合が1.88%の日本と比べると，大きな差となっていることがわかる[1)]。

また，図19-1は，2016年における純移民（移入民から移出民を引いた移民）の増減を示したものである。「＋」は増加している地域，「-」は減少している地域，「0」が現状維持の地域（「？」はデータなし）を表している。全体として，移民の数が増えているのは，先進国が多い北半球であることがわかる。1970年代には，世界の人口に占める移民の割合は約2.2%であったが，最新の国際移住機関（IOM）の報告書では約3.3%（2億4400万人）に増加している[2)]。

こうしたなか，非正規移民（一般に「不法移民」と呼ばれることが多い）の問題が先進諸国で焦点となっており，マスメディアなどでも，国境を越えるために監視の目をかいくぐってフェンスをよじ登ったりする人々の姿が報じられている。こうした不法に国境を越える人々への反感が先進国で強まっている。

しかし，実際には，非正規移民は移民全体のごく一部にすぎない。非正規移民のほうが目立っているが，移民の実質的な部分は，就労，永住，一時的居住，就労予定者の同伴家族，移民

1）出典：法務省HPの統計〈http://www.moj.go.jp/content/001237697.pdf（確認：2018年3月6日）〉。
2）出典：IOM HP「2018年版　世界移住報告書」〈https://publications.iom.int/books/world-migration-report-2018-chapter-2-migration-and-migrants-global-overview（確認：2018年4月5日）〉

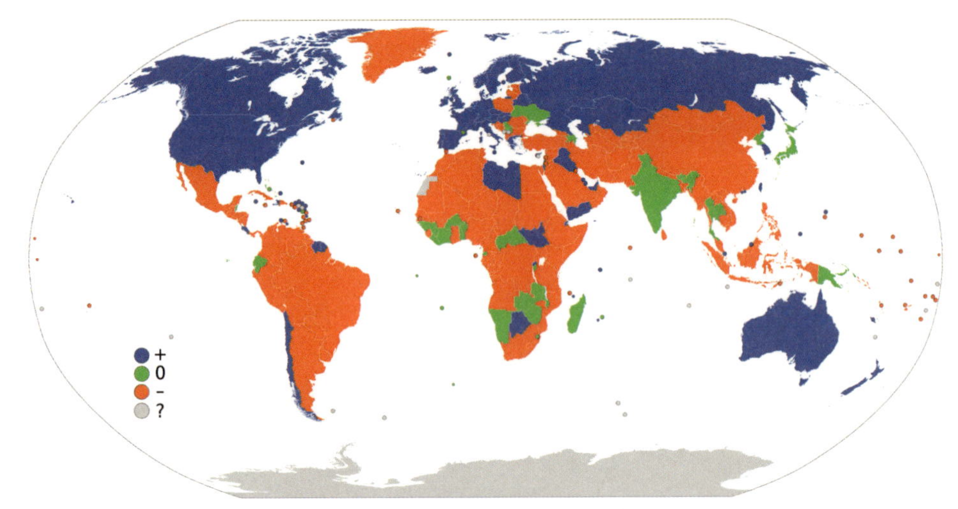


図 19-1　純移民の増減（2016 年）[3]

による家族の呼び寄せなどの理由で国境を越えた人々である。日本をはじめ先進諸国では，出生率の低下と高齢化が進んでおり，低技能（単純労働）と高技能（情報技術，医療など専門的技能）の両方において，深刻化する労働力不足を補う移民の需要はますます高まっている。

また，非正規移民の大多数は，学生ビザや観光ビザなどで合法的に入国した後に，不法滞在者となるケースである。たとえば，イタリアの非正規移民の3分の2弱が超過滞在者で，米国では非正規移民の45%がもともとは合法的に入国した人々である（キーリー 2010）。

## 19-2　強まる移民への反感

**Q. 19-2**　近年，移民に対する風当たりが世界中で強まっています。その理由は何でしょうか。

**【解説 2】**

移民受け入れ国の先進国では，特に経済不況の時期に，移民への反感が強まる傾向がある。それは，特に単純労働に従事する人々にとって，移民が自分たちの職を奪う存在として認識されがちだからだ。世論調査によれば，英国人の47%，スペイン人の24%，米国人の52%が，移民が自国経済にとってマイナスになっていると回答している（キーリー 2010）。

また，2015年のパリにおける同時多発テロのように，移民や移民家庭出身者によって実行されるテロが相次いだことで，移民規制を求める空気が強まっている。2017年1月に米国のドナルド・トランプ大統領が，特定のイスラム圏の国々の国民に対して，米国への入国を制限する大統領令に署名したことは記憶に新しい。実際には，テロを行う移民は，移民全体のきわめて少数の人間であるにもかかわらず，移民全体に対するイメージの悪化が進んでいる（移民問題の「安全保障問題化」；☞第7章）。その結果，先進国全般で移民の認定基準が厳格化される傾向にある。日本においても移住を希望する外国人の数は増えており，移民にどのように対応していくべきかは今後の課題となっている。

3）出典：https://en.wikipedia.org/wiki/Net_migration_rate#/media/File:Net_Migration_Rate.svg（確認：2018年3月6日；Author：Kamalthebest；CC BY 4.0）

A. 19-2

## 19-3 人はなぜ国境を越えて移動するのか：揺らぐ境界

**【解説3】**

国連開発計画（UNDP）の報告書によれば，移住者の多くは所得が増えたり，教育や医療の環境が充実したり，子どもたちの未来への展望が開けたりするようになるなどの恩恵を手にしており，移住先の社会に適応するのに苦労したりさまざまなトラブルに発展してしまったりといった問題はあるものの，ほとんどの人は新たな居住環境に満足しているという。また，定住先の環境にいったん慣れると，移住者のほうがその土地で生まれ育った人々よりも，労働組合や宗教団体などの地域の活動に参加するケースが多いという。移住先での労働条件や人間関係などには不満や不安があっても，移住したこと自体を後悔する人は多くはないといえるようである。

また，移住者の増加は，移住者の出身国にも多大な恩恵をもたらす。それは，移住者が出身国にいる家族に送金し，出身国の家族がそのお金を使うことで新たな雇用を生み出すことが期待できるし，また，お金だけでなく移住先の文化や価値観も一緒に出身国へと流れていくことで，出身国の伝統的な生活様式や行動様式が変わることもありうる。こうした変化のすべてが恩恵といえるかどうかは判断が分かれるところだが，たとえば，出身国で女性たちが伝統的な役割から解放されるなどの効果も実際に生じている。女性の能力向上（capacity building/empowerment）の観点から，移住者が肯定的な影響をもたらしている側面があるといえる。もちろん，移住政策は広範な開発政策に取って代わることができるものではないが，移住者が人生設計を改善するための強力な手段になりうることは確かである。一例として，UNDPの報告書によれば，途上国で平均レベルの公教育を受けただけの人でも，米国に移住すれば約1万米ドルの年間所得を得られ，これは途上国一人あたりの年間所得の平均水準の約2倍に相当する。生活水準の改善に対する大きな期待が，国際的な移民の動きを持続させているということができるだろう。

人の国際移動の推移については，国際移住機関（IOM），国際労働機関（ILO），世界銀行，国連難民高等弁務官事務所（UNHCR）などの国際機関が調査結果を出している。しかしながら，難民の場合を例外として，国際社会には人の移動を管理する国際的な制度・体制は存在しない（欧州連合（EU）域内を除く）。各国家が領土主権をもち，領土内で行われている国内政治に対して他国が干渉を控える内政不干渉原則を前提とする国際関係（☞第2章）においては，国民の出入国は各国政府によって管理されてきた。

ところが，現在グローバルに進行している移民の増加は，人の自由な移動の防波堤となってきた主権国家体制の前提が大きく揺らぎつつあることを意味している（☞第1章）。一方で，従来の国境が揺らぎ，他方で，人々が越えてきた国境の内部では新たな境界が作られつつある。

人の移動の増加によって，各国の内部では，特定の出身国や民族の利益を代表する団体が政治的影響力をもちはじめている。

人の国際移動の増加による国境の揺らぎがこのままさらに進み，現行の国際関係が前提とする国民国家システムの終わりの始まりが今まさに起こっているとみるべきか，それとも，国境の揺らぎに対する反動が強まり，再び領土主権の強化への揺り戻しが起こるのか，国際関係論という学問にとっても非常に大きな意味をもつ問いかけが，現在進行している人の国際移動の増加に伴ってなされているといえよう。

**まとめ** 本章で学んだことを自分自身の言葉でまとめてみましょう。

【討論ポイント】

(1) 出身国を出て他国で生活している移民の人たちの具体的な事例を探して，紹介してみましょう。どの国の事例でも構いません。

(2) 日本へやってきた移民が置かれている現状と課題について，本章の内容を基に調べ，その結果をグループで発表し合ってみましょう。また，他国への移民の場合と比較し，日本への移民が直面する特有の問題があれば挙げてみましょう。

【参考文献】

①カースルズ, S.・ミラー, M. J.『国際移民の時代 第4版』関根政美・関根　薫（監訳），名古屋大学出版会，2011年。

②佐藤　誠（編）『越境するケア労働――日本・アジア・アフリカ』日本経済評論社，2010年。

③キーリー, B.『よくわかる国際移民――グローバル化の人間的側面』OECD（編），濱田久美子（訳），明石書店，2010年。

# 第 4 部
# 環境と科学技術

# 第 20 章　地球環境問題

## 20-1　気候変動（地球温暖化）

Q. 20-1　地球温暖化は，私たちの生活にどのような影響をもたらすでしょうか。

A. 20-1

**【解説 1】**

気候変動とは，大気の平均状態が変動することをいう。氷河期が一例であるが，今日，気候変動問題とされるのは，地球の温暖化である。気温や海水温の上昇は，農作物の収穫や漁獲高に影響し，感染症を媒介する熱帯の生物が生息しやすくなる。とりわけ切迫した脅威に直面しているのが，海面が低く，全土が水没する恐れのある小さな島国である。氷河の溶解が進むことで，過去 100 年間で平均 17cm ほど海面が上昇したといわれる。

では，平均気温が上昇しているのはなぜか。今日進行している温暖化は，人為的な要因によって引き起こされているとの見方が有力である。具体的には，石油や石炭といった化石燃料を燃焼した際に排出される二酸化炭素（$CO_2$）やメタンが原因とみられている。というのも，これらの物質は温室効果ガスと呼ばれており，大気圏外への熱の放出を妨げる性質をもつからである。

国連の組織の一つに，1988 年に設立された「気候変動に関する政府間パネル（IPCC）」がある。地球温暖化に関する科学的・技術的・社会経済的な評価を行うことを任務として，世界各国の政府から推薦された科学者が参加している。この機関が 2013 年から 2014 年にかけて公表した『第 5 次評価報告書』によれば，気候システムの温暖化の進行を疑う余地はなく，また，人間の影響が，20 世紀半ば以降に観測された温暖化の主な要因であった可能性がきわめて高い（95%以上）[1]。

このように，人間の諸活動に起因する自然環境の変化で，かつ，何らかの形で人間の生命や生活に悪影響を及ぼす現象を総称して，環境問題と呼ぶ。また，その被害や影響が国境を越えて広がる場合には，地球環境問題と呼ぶ。地球温暖化のほかにも，オゾン層の破壊，酸性雨，熱帯林の減少，砂漠化，開発途上国の公害問題，野生生物種の減少，海洋汚染，有害廃棄物の越境移動などが挙げられる。

1）出典：気象庁 HP，IPCC 第 5 次評価報告書 第 1 作業部会報告書「概要」〈http://www.data.jma.go.jp/cpdinfo/ipcc/ar5/ipcc_ar5_wg1_es_jpn.pdf（確認：2018 年 2 月 19 日）〉

## 20-2　持続可能な開発

Q. 20-2　自然環境の保全という目標に反対する国はないでしょう。にもかかわらず，環境保全に向けた国際的な取り組みが遅れがちなのは，なぜでしょうか。

【解説 2】

環境問題の越境性に目が向けられるようになったのは，1970年代であった。きっかけは，欧州諸国で発生した酸性雨であった。ドイツなどの工業国で排出された硫黄酸化物や窒素酸化物が，雨や雪に交じって近隣諸国に降り注ぎ，森林を枯らしたのである。そこで，スウェーデンの首都ストックホルムで国連人間環境会議（1972年）が開催された。「かけがえのない地球（Only One Earth)」を標語に掲げた同会議では，「人間環境宣言」が採択され，「現在および将来の世代のために人間環境を擁護し向上させること」が，人類の目標の一つとして明記された。

20年後の1992年，ブラジルのリオデジャネイロで国連環境開発会議（地球サミット）が開催された。当時の全国連加盟国178か国中172か国が政府代表を派遣したほか，非政府組織（NGO）の活動家およそ1万7千人が訪れるなど，合計4万人を超える人々が参加した。同会議の中心テーマは，「持続可能な開発（sustainable development)」をいかに実現するかであった。これは，環境と開発に関する世界委員会（ブルントラント委員会）の報告書『地球の未来を守るために（*Our Common Future*)』（1987年）が提唱した理念であり，「将来の世代の欲求を満たしつつ，現在の世代の欲求も満足させるような開発」のことをいう。

持続可能な開発は，第一に，環境と開発の両立を目指している。地球環境問題に取り組むうえでの障害の一つに，先進国と途上国の利害対立がある。経済成長を達成し，環境保全のコストを負担する余裕がある先進国に対し，経済発展の途上にあり，貧困に苦しむ国家にとっての優先事項は，経済的な豊かさの追求である。そのためには，環境の悪化を厭わずに経済開発を進めることもあるだろう。また，環境保全に取り組むだけの資金や技術力が不足しているという事情もあろう。そこで，環境を持続させながら開発を進める方途を探ろうというのである。

注目すべき第二の点は，世代間で生じる恐れのある利害対立の緩和を視野に収めた点である。「現在の世代の欲求」の充足が，回復不能なほどの生態系の破壊や天然資源の枯渇を伴うのであれば，さまざまな資源を将来世代が有効活用する機会を奪うことになる。そこで，現世代による環境資源の利用を節度あるレベルにとどめようというのである。

このように，持続可能な開発は，現世代間，現世代と将来世代の間の利害の調和を促す理念であり，国際社会が地球環境問題に取り組む際の最も重要な原則の一つとなっている。

A. 20-2

________________________________

________________________________

________________________________

________________________________

## 20-3　気候変動レジーム

**【解説 3】**

国境を越えた地球規模の諸課題に対処するには，国際協力が不可欠である。とはいえ，国益を異にする諸国家がアナーキーのもとで協力を深めることは容易ではない。そこで注目されるのが，「国際レジーム」の役割である。国際レジームとは，「国際関係の特定の問題領域において，諸主体の期待が収斂するような，黙示的あるいは明示的な原則，規範，規則，意思決定手続きの集合」である（Krasner 1983）。ロバート・コヘインによれば，国際レジームには三つの効用がある（コヘイン 1998）。第一に，情報提供がなされることで，アナーキーに特有の不確実性が低減される。第二に，合意を実現するための取引費用を低下させる。第三に，今後も関係が続いていくという期待（「未来の影」）を生み，国益を長期的な観点から捉えるようになる。こうして，国際レジームが存在するおかげで，国家間の協調が促進されるというのである。

では，地球環境分野では，どのような国際レジームが成立しているだろうか。1992 年の地球サミットでは，持続可能な開発という大原則のもと，環境と開発に関するリオ宣言，アジェンダ 21，気候変動枠組条約，生物多様性条約，森林保全の原則声明が採択された。このうち，「気候に危険な人為的影響を及ぼすことにならない水準で，温室効果ガスの大気中の濃度を安定化させる」ことを目標に掲げる気候変動枠組条約を核とした気候変動レジームについて検討しよう。

1995 年以降，毎年，同条約の締約国会議（COP）が開催され，温室効果ガス排出量削減に向けた議論が行われてきた。特に，1997 年に京都で開催された第 3 回締約国会議（COP3）では，京都議定書が採択され，先進国と市場経済移行国（ロシアなどの旧社会主義諸国）の温室効果ガス排出量の削減が義務づけられた。具体的には，1990 年水準に比べて，2008 年から 2012 年の間に平均 5.2% 削減するという目標を設定したが，21 世紀に入り高度経済成長の只中にある中国が途上国に分類されたこと，米国が 2001 年に同議定書を離脱したことで，世界第 1 位，第 2 位の $CO_2$ 排出国が削減義務を負わない事態となった。結果として，京都議定書は，2010 年時点で，世界全体の $CO_2$ 排出量の 27% しかカバーしておらず，著しく実効性を欠くことになった。

したがって，京都議定書後の新たな体制構築にあたっては，米中両国，および，途上国をいかに巻き込むかが焦点となった。その結果，2015 年 12 月の COP21 で採択されたのが，パリ協定である。2020 年以降の地球温暖化対策の枠組みを定めた同協定では，世界の平均気温の上昇を産業革命前の 2 度未満に抑え，1.5 度未満を努力目標とすることを定めた。また，その実現に向けて，米中両国，途上国を含む全締約国が，自主的な削減目標を立てたうえで，5 年ごとに見直しを行い，国連に実施状況を報告することを義務づけた。ところが，2017 年 6 月，米国がパリ協定離脱を表明したため，再び実効性が危ぶまれる事態となっている。

このように，さまざまな問題点を抱えながらも，気候変動といった特定の問題領域において国際レジームが形成され，国家間の協力が進展してきた。だが，多様な影響を及ぼす

**表 20-1　世界のエネルギー起源 $CO_2$ の国別排出量（2014 年）[2)]**

（単位：%）

| 中国 | 米国 | EU28 か国 | | | | |
|---|---|---|---|---|---|---|
| | | | ドイツ | 英国 | イタリア | フランス |
| 28.2 | 16.0 | 9.8 | 2.2 | 1.3 | 1.0 | 0.9 |

| インド | ロシア | 日本 | その他 |
|---|---|---|---|
| 6.2 | 4.5 | 3.7 | 31.7 |

※世界の $CO_2$ 排出量 324 億トン

2）出典：環境省 HP「平成 29 年版　環境・循環型社会・生物多様性白書」〈http://www.env.go.jp/policy/hakusyo/h29/html/hj17010201.html#n1_2_1_1（確認：2018 年 2 月 19 日）〉

地球環境問題に対処するには，国家間の協力だけで十分に対応できるとは限らない。国家や国際機関に加え，NGO や企業（☞第 13 章），労働組合，地方自治体，そして，市民一人ひとりといった多様なアクターが，それぞれの能力に応じた役割を分担し，協働して目標を実現する「グローバル・ガバナンス」が求められている。

**まとめ** 本章で学んだことを自分自身の言葉でまとめてみましょう。

【討論ポイント】

（1）気候変動とそれがもたらす影響に対して，どのように対処できるでしょうか。「緩和策」と「適応策」の両面から考えてみましょう。

（2）気候変動への対応をめぐり，国家間でどのような利害対立がみられるでしょうか。また，NGO や企業はどのような役割を果たしてきたでしょうか。パリ協定の締結過程，そして，締結後の課題を例にして，調べてみましょう。

【参考文献】

①横田匡紀『地球環境政策過程——環境のグローバリゼーションと主権国家の変容』ミネルヴァ書房，2002 年。

②太田　宏『主要国の環境とエネルギーをめぐる比較政治——持続可能社会への選択』東信堂，2016 年。

③シュラーズ，M. A.『地球環境問題の比較政治学——日本・ドイツ・アメリカ』長尾伸一・長岡延孝（訳），岩波書店，2007 年。

【引用文献】

コヘイン，R.『覇権後の国際政治経済学』石黒　馨・小林　誠（訳），晃洋書房，1998 年。

Krasner, S. D., ed., *International Regimes*, Ithaca: Cornell University Press, 1983.

# 第21章　科学技術

## 21-1　科学技術と「戦争と平和」

Q. 21-1　科学技術の発展は，私たちの生きる世の中を平和で豊かなものにしてきたと思いますか。身の回りの体験などを振り返り，具体例を含めた意見を書いてみましょう。

A. 21-1

【解説1】

現代日本に暮らす私たちは，ありとあらゆる最先端の科学技術を日々利用して，便利で快適な生活を享受している。本書自体，印刷や出版・流通と交通の技術によって読者である皆さんのもとに届けられており，本ができあがるまでにはコンピュータを使って執筆と編集が行われ，情報通信技術が活用されている。電気を扱う技術のおかげで，寒い夜や真夏の日中でも空調により適温に保たれた部屋で，灯りをつけ本書を読むことができる。世界中で多くの人々に利用されているスマートフォンは，これらの技術の粋を集めたものである。こうした日々の生活を支える科学技術は，数学とともに，自然現象を分析の対象として法則性を見つけ出そうとする物理学・化学・生物学などの自然科学（狭義の科学）の発見や理論によって発展してきた。

科学技術は，私たちの日常生活で利用されるだけでなく，国家を防衛し戦争に勝つための軍事にも利用されてきた。基本的にいかなる技術も，民間と軍事の双方で使用可能な両用技術（dual use technology）であり，民生（民需）と軍事（軍需）に分けて管理することは不可能に近い。飛行機の技術は，民間の旅行者や貨物を運ぶ民間機（旅客機など）と，国防のための戦いを想定した軍用機（戦闘機など。日本では自衛隊機と呼ぶ）の双方で使用されている（図21-1）。また，効率的に製品を製造する工場用ロボットの技術は，ロボット兵士の製造に利用されている。本来，科学は好奇心や知的探究心から生み出され発展するものであるが，科学的な発見は軍事技術に転用される可能性があり，科学の発展は戦争のための技術の発達にもつながりうる。たとえば，核兵器の開発のように軍事技術の向上を図るために，

図21-1　日本の旅客機MRJと随伴する航空自衛隊機T-4 [1)]

1）出典：防衛省・自衛隊HP「平成28年版　防衛白書・〈VOICE〉MRJ初飛行を成功させて」〈http://www.mod.go.jp/j/publication/wp/wp2016/html/nc011000.html（確認：2017年12月29日）〉

政府が科学者や技術者に税金を用いて研究費を与え，科学者らがその政策に応じて研究成果を出した結果，大量殺戮を行う技術が登場する事態も生じてきた。また，当初は軍事目的で開発が進められたインターネットや全地球測位システム（GPS）のような技術が，平和な社会で民間利用されるケースもある。科学技術が悲惨な戦争遂行に加担しないようにするためには，研究費のあり方とともに科学者たちの姿勢が肝要となる。だが，研究費をいかなる形で出すべきなのか，どのように技術を使うべきなのかは，科学者ではなくとも，研究費の最大の資金源である税金を払い，科学技術を利用する私たち全員が考えねばならない問題である。そして，私たちが税を払い，所属していると感じる今の国家のあり方自体が，実は近代以降の技術の発展によって形成されてきたのである。

## 21-2　近代における技術発展と国家形成

**Q. 21-2**　技術の発達は，私たちが生きる近代以降の国家のあり方をどのように形作ってきたのでしょうか。

**【解説 2】**

技術の変化は歴史上，国家のあり方をおおいに変容させてきた（田所 2008：230-232）。火薬・火器・銃器の技術発展によって，都市に張り巡らされた城壁はその都市の富や人々を外敵から守る役割を果たすことが難しくなり，ヴェネツィアやハンザ同盟など中世ヨーロッパにおける都市国家や都市同盟は没落していく。そして，国家を存続させるためには，新しい技術を開発し利用する財力や，新技術に基づく兵器に対抗するための手段（要塞など）を構築する財力が必要になる。こうして，人々から効率的かつ確実に徴税しその領域を守る強力な軍隊を編成するために，都市国家よりも広い領域を支配する国家を作る必要性が生じた。その一方で，古代ローマのような広大な版図を緩やかに統治する帝国のあり方をとることも，効率よい徴税と防衛の強化の点から困難となった。このように，技術の発達を背景として，近代欧州では都市国家や帝国ではなく，一定の限られた領域を効率よく支配できる，現代に至る「主権国家」（☞第2章）が主流となったのである。

技術発展は，今日に続く「国民国家（nation-state）」の形成にも関わっている。近代における産業の技術革新は工業化をもたらし，工場で働く大量の労働者を生み出した。しかし，労働力となる各地の農村部に住む人々は，それぞれ異なる方言を使っていた。そこで，さまざまな地方の出身者がコミュニケーションをとって働くために，国の共通言語である国語が作り出され，国語教育を担う学校が設立されるようになった。共通の言語を使用し，同じ学校教育を受けた人々の間で「同じ仲間」すなわち「国民（nation）」であるとの意識が広がることで，共通した言語・文化をもつ民族（nation）からなる国家，「国民国家」が形成されていった。技術の発展による産業の高度化が，「一つの政治的な単位と一つの民族的な単位とが一致しなければならないと主張する政治的原理」であるナショナリズムを生み出したと考えられるのである（ゲルナー 2000）。加えて，近代以降の印刷出版・通信・交通技術の発達によって，同じ言語を使う者同士で迅速に情報伝達が行えるようになった結果，コミュニケーションをとることが可能な者の間で，互いが身近なところに住んでいなくとも，同一の「共同体（国民国家）」のなかに生きているという認識が広まることになったのである（アンダーソン 2007）。

A. 21-2

## 21-3　国際政治を動かす科学技術と世界の未来

**【解説 3】**

技術の発展は，経済発展をもたらし，国力の伸張にも関わるため，各国の国際政治上の地位をも変化させてきた。16世紀以降，欧州諸国が世界全体に影響力をもつようになった背景には，大砲と帆船の技術の進歩があった。18世紀後半の英国における第一次産業革命は，紡績機の発明や石炭を利用した蒸気機関の開発によって，綿工業の機械化を可能にした。工場での大量生産がいち早く可能になった英国は，原料の供給源と自国製品の販売先としての植民地の拡大を目指すようになり，世界第一の大国としての地位を築き上げたのである。19世紀後半になると，鉄鋼などの重工業と石油を利用した化学工業や電力の分野での技術革新が，米国とドイツにおいて顕著にみられるようになった。この第二次産業革命は，鉄道や自動車といった陸上交通の発展をもたらし，米独などの大陸国家が経済を発展させ国力を高め，英国に対抗しうる大国として台頭することをもたらした。科学技術の発展は，国際政治のあり方や力関係などを分析するうえで，見過ごすことのできない要素なのである（日本国際政治学会 2015)。

また，科学技術は国力の源泉であることから，今日でも各国政府は自国の技術力向上を目指し競争を続けている。だが，科学技術は開発時には想定していなかった用途にも転用されうるため，ある国家が自国の防衛のために開発した技術が，犯罪や攻撃に利用されてしまうこともおおいにありうる。たとえば，インターネットに象徴されるサイバー空間の情報通信技術は，人身売買や違法薬物の取引などの犯罪のほか，政府の主要機関などのコンピュータに対するサイバー攻撃にも悪用されている。情報通信技術に依存した現代の国家間では，社会全体の機能を停止させうる「サイバー戦争」の発生も危惧されている。

しかし，科学技術の発達は，対立や争いだけでなく，協調的な世界を築き上げることにもつながりうる。前節でみた国民国家の形成過程を踏まえると，世界中の人々を瞬時につなぐインターネットと国際語の普及や翻訳技術の発達が，世界共通の仲間意識を次第に生み出していくかもしれない。また，機能主義（functionalism）の国際統合論は，郵便や電話通信などの分野で国際組織を形成していくことで，主権国家の上に立つ組織を作らずとも，主権国家間での協調が次第に可能になると主張してきた（☞第11章)。多くの国々が，技術協力することの共通利益を認めて国際的な相互提携の実績を広い分野で積み重ね，信頼関係を深めることは可能であろう。

多様な分野で革新的な新技術が登場することで，既存の多くの問題が解決される一方で，世界の人々が直面する課題はより複雑で対処が難しいものにもなりうる。発達した技術を人類が本当に制御できるのかは，世界的に重大な問題である。エネルギー技術が自然環境の変動によって制御不能となりうることは，2011年の東日本大震災後の原発事故を知る私たちには十分に想像できるだろう（鈴木 2015）。さらに，近い将来，より発展した生命科学とバイオテクノロジー，情報科学と人工知能（AI）によって，知的生命体としての人間の存在意義が問われる事態が到来したとき，国際関係を構成する最小単位としての「個人」のあり方すらも問われるのかもしれない。

**まとめ** 本章で学んだことを自分自身の言葉でまとめてみましょう。

________________________________________

________________________________________

________________________________________

________________________________________

________________________________________

**【討論ポイント】**

（1）「科学技術の発展は世界にさまざまなリスクや安全保障上の脅威をもたらしているので，さらなる科学技術の発展を続けることで問題を解消していくべきだ」とする主張に対して，あなたはどう応答しますか。本章の内容を踏まえ，賛否を議論してみましょう。

（2）スマートフォンやソーシャル・ネットワーキング・サービス（SNS）の普及は，国家や国際関係のあり方にどのような影響をもたらしていると考えられますか。「アラブの春」などの実例を調べたうえで，あなたの理解と意見を明らかにしてみましょう。

**【参考文献】**

①池内　了『科学者と戦争』岩波書店，2016年。

②野林　健・大芝　亮・納家政嗣・山田　敦・長尾　悟『国際政治経済学・入門 第3版』有斐閣，2007年。

③パーカー，B.『戦争の物理学――弓矢から水爆まで兵器はいかに生みだされたか』藤原多伽夫（訳），白揚社，2016年。

**【引用文献】**

アンダーソン，B.『定本 想像の共同体――ナショナリズムの起源と流行』白石　隆・白石さや（訳），書籍工房早山，2007年。
ゲルナー，E.『民族とナショナリズム』加藤　節（監訳），岩波書店，2000年。
鈴木一人（編）『技術・環境・エネルギーの連動リスク』岩波書店，2015年。
田所昌幸『国際政治経済学』名古屋大学出版会，2008年。
日本国際政治学会（編）『科学技術と現代国際関係』日本国際政治学会，2015年。

# 第 22 章　大量破壊兵器の拡散

## 22-1　大量破壊兵器とは

Q. 22-1 「大量破壊兵器」と聞いて思い浮かぶことを書き出しましょう。大量破壊兵器とは何でしょうか。誰がもっているのでしょうか。もし使われたら，どのような被害が出るでしょうか。

A. 22-1

【解説 1】

大量破壊兵器（weapons of mass destruction：WMD）とは，殺傷性がきわめて高く，甚大な人的損害をもたらす武器の総称であり，通常兵器（conventional weapons）と区分される。具体的には，核兵器，化学兵器，生物兵器を指す。いずれも，非戦闘員（文民）を含め，無差別な被害をもたらす点で共通する。

核兵器は，1945 年 7 月に米国で開発された後，8 月 6 日に広島，9 日には長崎に投下された。同年中の死者数は，それぞれ，およそ 14 万人，7 万人とされる。その後，旧ソ連（現ロシア；1949 年），英国（1952 年），フランス（1960 年），中国（1964 年），インド（1974 年），パキスタン（1998 年），北朝鮮（2006 年）が核開発に成功した。核実験を行ったことがないイスラエルも，核兵器を保有するとみられている。今日，これらの国々が保有する核兵器は水素爆弾であり，広島・長崎に投下された原子爆弾に比べて，100 倍以上の破壊力を有するとされる（☞第 23 章）。

サリンという言葉に聞き覚えがあるだろうか。1995 年，当時宗教法人であったオウム真理教が，東京の地下鉄の車内で撒布した化学物質である。13 人が死亡，約 6 千人が重軽症を負った（☞第 14 章）。化学兵器とは，サリン，マスタードガス，VX ガスのような毒性の高い化学物質を使用して人体に被害を与える兵器のことである。イラン・イラク戦争（1980–88 年）末期の 1988 年 3 月，サダム・フセイン政権下のイラク軍が自国領内のクルド人に対してサリンなどの化学兵器を使用し，約 5 千人の住人を殺害したとされる「ハラブジャ事件」が知られている。また，近年では，シリア内戦において（☞第 4・第 26 章），政府軍がサリンガス（2017 年 4 月），テロ集団「イスラム国（Islamic

図 22-1　地下鉄サリン事件における除染活動 [1)]

State：IS)」がマスタードガス（2016年9月）を使用したことが明らかにされている。

人工的に生成された物質ではなく，自然界に存在する有害な細菌やウイルスを培養して利用するのが生物兵器である。米国では，大手テレビ局，出版社，政治家に対し，炭疽菌（たんそ）が封入された容器が郵送され，5名が肺炭疽を発症して死亡する事件があった（2001年9月，10月）。炭疽菌のほかにも，ボツリヌス菌，ペスト菌，天然痘などを搭載した兵器が開発・保有されている。これらが実戦で用いられれば，大規模な惨害をもたらすことになろう。

## 22-2　大量破壊兵器の法的規制

**Q. 22-2**　大量破壊兵器を保有する国の増加を抑え，減少させるために，どのような方法が試みられてきたでしょうか。

**【解説2】**

生物兵器，化学兵器については，開発，生産，保有を禁止する条約が結ばれており，保有国には廃棄義務が課されている。生物毒素兵器禁止条約（1975年発効），化学兵器禁止条約（1997年発効）である。特に，後者に関しては，化学兵器禁止機関（OPCW）が設立されており，関連施設の査察や兵器の破壊などを実施してきた。締約国は，192か国に上る（2018年3月現在）。2013年には，ノーベル平和賞を受賞した。

それに対し，核兵器に関しては，包括的な軍縮体制が構築されていない。確かに，2017年7月，核兵器の開発，保有，使用を禁ずる核兵器禁止条約が採択された（2018年3月時点で未発効）。だが，この条約の採択に賛成した国は，122か国にとどまった。全核保有国，および，ドイツ，オーストラリア，日本など米国の同盟国の多くが参加しなかったため，同条約の実効性には，疑問が呈されている。

では，核兵器に関して，これまでどのような規制がなされてきたのだろうか。核不拡散体制（レジーム）の中核に位置づけられるのが，1968年に採択され，1970年に発効した核不拡散条約（NPT）である。日本は，1970年に署名，1976年に批准した。同条約では，締約国を「核兵器国」と「非核兵器国」に分類する。核兵器国とは，1967年1月1日以前に核兵器を製造し爆発させた国であり，核保有が認められる。米国，ソ連（ロシア），英国，フランス，中国の5か国が該当する。これに対し，非核兵器国とは，それ以外のすべての締約国であり，核兵器の開発や保有が一切禁止される。保障措置として，国際原子力機関（IAEA）による査察を受け入れる義務を負う。これは，原子力関連施設や放射性物質が軍事転用されていないことを確認するための制度である。

このように，核兵器国と非核兵器国の間に顕著な不平等性がみられるNPTであるが，25年の有効期限を迎えた1995年，無期限延長が合意され，今日に至っている。締約国の数は，191か国・地域に上る（2018年3月現在）。非締約国は，インド，パキスタン，イスラエル，南スーダンである。北朝鮮は，2度にわたり，脱退を宣言した（1993年，2003年）。核保有4か国がNPTの規制を免れている現状は，核不拡散体制の実効性を弱める恐れを否定できない。とはいえ，1970年の発効以来，新たな核保有国の出現を4か国にとどめていることは，NPTが一定の効力を発揮していると評価できるだろう。

---

1）出典：防衛省HP「平成14年版　防衛白書」〈http://www.clearing.mod.go.jp/hakusho_data/2002/photo/frame/ap143021.htm（確認：2018年2月19日）〉

## 22-3　ならず者国家と拡散対抗

**【解説3】**

大量破壊兵器を規制する条約体制の構築にもかかわらず，拡散の動きを抑え込むには至っていない。拡散の傾向は，化学兵器，生物兵器の場合に，よりいっそう顕著である。というのも，両兵器は，「貧者の核兵器」とも呼ばれるように，高度な技術を要せず，安価に製造できるからである。2013年，サリンの使用が発覚したシリア政府は，化学兵器の放棄に同意した。OPCWは，すべての関連施設の廃棄を発表し（2013年10月），兵器の国外搬出が完了したことを発表した（2014年7月）。にもかかわらず，前述の通り，2017年4月，シリア政府軍による再度の化学兵器の使用が，国連とOPCWの合同調査により確認されている。

化学兵器，生物兵器に比べれば，開発に向けた敷居が高い核兵器であるが，それでも，さらなる拡散の可能性は否定できない。2004年，パキスタンで「核開発の父」と称されるアブドゥル・カディール・カーン博士が構築した「核の闇市場」の存在が発覚した。すでに核開発に成功していたパキスタンが，当時のリビア，イラン，北朝鮮などを顧客として，核兵器開発に必要な資材や部品を売買していたのである。スリランカの貿易商やマレーシアの工場をはじめ，20か国以上の企業が関わる世界的なネットワークを構築していたといわれる。

こうした現状に対して，米国はどのように対応してきただろうか。1990年代以来，米国政府は，「ならず者国家（rogue state）」という表現を多用するようになった。これは，大量破壊兵器を開発し，テロ集団を支援し，国民の人権を侵害するような国家を指して米国が用いる呼称である。ジョージ・ブッシュ（子）大統領は，2002年6月，ならず者国家などへの大量破壊兵器拡散の危険性を強調し，これら諸国への単独先制攻撃を辞さない方針を表明した（ブッシュ・ドクトリン；☞第23章）。その際，有効な手段と考えられたのが，民主主義への強制的な体制転換であった。2003年3月，米国は，英国などの有志連合諸国とともに，核開発疑惑をもたれたイラクを攻撃し，フセイン政権の打倒に乗り出した（☞第27・第29章）。

図22-2　IAEAが想定する核テロリズム[2)]

では，米国が「ならず者」と呼ぶ国家を打倒すれば，大量破壊兵器拡散の懸念は霧消するのだろうか。そうとは言い切れないだろう。一つには，原子力エネルギーの軍事転

2）出典：外務省HP，わかる！　国際情勢，Vol.153，2017年5月17日，世界と取り組む核テロ対策〈http://www.mofa.go.jp/mofaj/press/pr/wakaru/topics/vol153/index.html（確認：2018年2月19日）〉

用の問題がある。急速な経済成長と人口増加を経験している新興国では，電力不足が深刻になっている。また，地球温暖化対策という観点から，二酸化炭素排出量の抑制が求められている。そこで，有力な解決策となるのが，原子力発電である。2011年3月の福島原発事故以来，日本や欧州先進国の一部では脱原発の動きがみられるが，世界的な潮流としては，「原子力ルネッサンス」と称されるほど，原子力への期待は高まっている。NPTにおいても，非核兵器国による原子力の平和利用は，権利として認められている。だが，核技術や放射性物質の軍事転用，テロ集団への流出といった可能性は拭えない。「核セキュリティ」をいかに確保するかが，いっそう重要になってくるだろう。

**まとめ** 本章で学んだことを自分自身の言葉でまとめてみましょう。

____________________

____________________

____________________

____________________

____________________

【討論ポイント】

(1) 核兵器の拡散を防止するには，どのような取り組みが有効でしょうか。解説で取り上げたもの以外の方法についても考えてみましょう。「実験」や「輸出」といった観点がヒントになります。

(2) そもそも，核兵器を保有する国の数を抑制しようとするのはなぜでしょうか。核兵器が減り，やがて廃絶されれば，戦争のない世界が実現するでしょうか。改めて考えてみましょう。

【参考文献】

①秋山信将（編）『NPT――核のグローバル・ガバナンス』岩波書店，2015年。
②納家政嗣・梅本哲也（編）『大量破壊兵器不拡散の国際政治学』有信堂高文社，2000年。
③セーガン，S.・ウォルツ，K.『核兵器の拡散――終わりなき論争』川上高司・斎藤　剛（訳），2017年。

# 第 23 章　核軍縮・軍備管理

## 23-1　核開発と米ソ冷戦

**Q. 23-1**　核兵器をもつのはなぜでしょうか。逆に，核兵器をもたないのはなぜでしょうか。考えを書き出しましょう。

**A. 23-1**

【解説 1】

北朝鮮による核実験やミサイル発射実験のニュースを耳にして，核兵器の脅威を身近に感じた人も多いだろう。人類は，なぜ，どのように，核開発を続けてきたのだろうか。

核開発がはじまったのは，第二次世界大戦中であった。敗戦国となるドイツと日本も，原子爆弾の開発計画を進めていた。だが，史上初の原爆実験に成功したのは，米国であった。1945 年 7 月のことである。その 1 か月後，2 発の原爆が日本に投下されることになる（☞第 22 章）。当初，米国の原爆は，ドイツに対して使用する目的で開発されたものであったが，ドイツは同年 5 月に無条件降伏したため，まだ降伏していない日本に対して使用されることになったのである。

原爆の破壊力をみせつけられたソ連も，開発を加速させる。というのも，「連合国」として共に戦った米国とソ連であったが，大戦終結後間もなく，政治的・軍事的な対立を深めていたからである。冷戦のはじまりである。1949 年 8 月，ソ連が原爆実験に成功した。1950 年代に入ると，米ソ両国とも，さらに破壊力の大きい水素爆弾を開発する（☞第 22 章）。さらには，ミサイルの開発競争もはじまった。ミサイルは，爆撃機とともに，核弾頭を敵地に着弾させるための運搬手段である。こうして，核兵器の軍拡競争が幕を開けた。

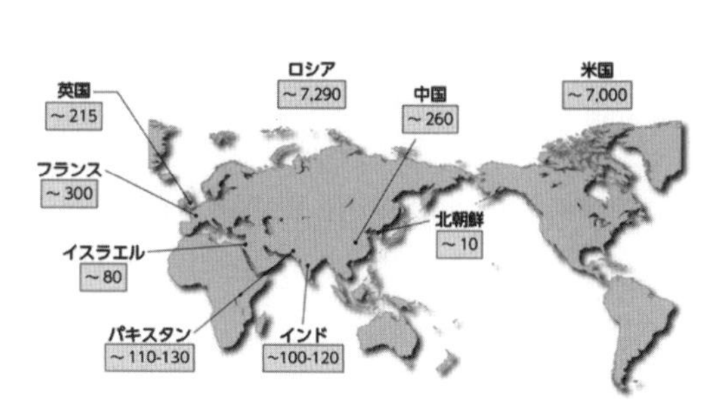


図 23-1　世界の核弾頭数の状況（2016 年）：総数[1]

1962 年 10 月，ソ連がキューバに建設した

1）出典：外務省 HP「外交青書 2017 第 3 章 国益と世界全体の利益を増進する外交 4 軍縮・不拡散・原子力の平和的利用」〈http://www.mofa.go.jp/mofaj/gaiko/bluebook/2017/html/chapter3_01_04.html（確認：2018 年 2 月 19 日）〉

中距離核ミサイル基地をめぐり，米ソの緊張が一気に高まった。キューバ・ミサイル危機である。米国のジョン・F・ケネディ大統領，ソ連のニキータ・フルシチョフ首相は，核戦争へのエスカレーションを回避すべく，事態の収拾にあたった。世界は，核兵器を撃ち合う「第三次世界大戦」の瀬戸際に立たされたのである。

その後，米ソ間で核軍拡競争が進むと，1986年には，両国合計で6万発を超える核弾頭を保有するに至った。広島型原爆のおよそ147万発分に相当する破壊力とされる。その後，米国とソ連（ロシア）の間で核軍縮が進み，2014年の時点では，米露両国でおよそ9千発，他の保有国を合わせて，およそ1万発の核弾頭が地球上に存在している。

## 23-2　核抑止と核軍備管理

**Q. 23-2**　核兵器が「使えない」とは，どういう意味でしょうか。なぜ「使えない」のでしょうか。

**【解説2】**

核兵器は，「使えない兵器」であるといわれる。国際政治学者のバーナード・ブローディは，核兵器を「絶対兵器」と呼んだうえで，「今まで軍の主な存在目的は戦争に勝つことであったが，核時代の軍の目的は戦争を回避することである」と述べた（Brodie 1946）。考えてみてほしい。核兵器による甚大な被害と引き換えにしてでも達成したい戦争目的とは何だろうか。目的と手段が乖離しすぎているのではないか。合理的に計算する国家であれば，核兵器の使用には躊躇するはずである。ところが，今日までに，九つの国が核保有を選択した（☞第22章）。では，これらの国は，なぜ多額の費用を払ってまで「使えない兵器」を手に入れようとしたのか。「使えない」にせよ，何らかの効用を期待できるからではないのか。

「核抑止」という言葉を聞いたことがあるだろうか。抑止とは，軍事的報復の脅しにより，潜在的な敵対行動を未然に防止することをいう。つまり，相手国からの先制攻撃（第一撃）を受けた場合，自国が報復攻撃（第二撃）を行うことを明確に伝える。すると，相手国自身も甚大な損害を受ける結果に終わることが予想されるため，そもそも先制攻撃を思いとどまるだろう。報復の際に核兵器を使用すると伝えて威嚇すれば，核抑止と呼ばれる。核兵器がもつ耐え難い破壊力により，相手国が攻撃に踏み切ることを抑止するわけである。

核抑止が効くためには，報復攻撃（第二撃）の実行が信頼されなければならない。確実な報復能力を保持する状況を「確証破壊」と呼ぶ。この能力を敵対する双方がもてば，「相互確証破壊（MAD）」の状況が生まれる。こうなると，両国とも，先制攻撃の誘因をもたなくなるだろう。「戦略的安定」「恐怖の均衡」などと呼ばれる状況である。米ソの核戦力は，1970年頃にはパリティ（均衡）に達し，MADが成立した。そこで，1972年5月，第一次戦略兵器制限交渉（SALT I）が妥結し，大陸間弾道ミサイル（ICBM），潜水艦発射弾道ミサイル（SLBM），戦略爆撃機といった運搬手段の保有数を現状凍結することに合意した。これは，MADを安定させるための措置であった。

では，第二撃の信頼性を高めるには，どうすればよいだろうか。一つは，核弾頭とミサイルを海洋配備することである。潜水艦に積載して海底を移動し続けていれば，自国本土が壊滅したとしても，世界の海のどこかから報復可能である。米ソは，競って SLBM を開発・配備した。もう一つの方法は，核弾頭とミサイルの数を増やすことである。数が多ければ，残存する核兵器の数も増えるだろう。米ソ両国が膨大な数の核弾頭やミサイルを蓄積したのは，このためであった。

A. 23-2

## 23-3 核軍縮とミサイル防衛

**【解説 3】**

保有する兵器の数に一定の上限を設ける「軍備管理」に対し，兵器の数を削減することを「軍縮」と呼ぶ。1980 年代半ばにはじまる冷戦の終結過程では，核兵器の軍縮が行われた。まず，1987 年 12 月，米国のロナルド・レーガン大統領とソ連のミハイル・ゴルバチョフ書記長が会談し，中距離核戦力（INF）全廃条約に署名した。地上発射の中距離核ミサイル（射程 500–5500km）が廃棄されることになったのである。初の核軍縮であった。

戦略（長距離）核兵器（射程 5500km 以上）については，ソ連崩壊間際の 1991 年 7 月，ソ連大統領となったゴルバチョフと米国のジョージ・ブッシュ（父）大統領が，第一次戦略兵器削減条約（START I）に調印した。「制限」ではなく，「削減」に合意した軍縮条約である点に注目したい。削減の対象には，運搬手段（ICBM，SLBM，戦略爆撃機）に加え，核弾頭が含まれた。また，ソ連崩壊後の 1993 年 1 月には，ブッシュ大統領とロシアのボリス・エリツィン大統領の間で第二次戦略兵器削減条約（START II）が調印された（ただし，発効せず）。さらに，2010 年 4 月には，米国のバラク・オバマ大統領とロシアのドミトリー・メドベージェフ大統領が，新戦略兵器削減条約（新 START）に合意した。同条約の履行が完了した 2018 年 2 月の時点で，米露それぞれについて，戦略核弾頭の配備数が約 1400 発，運搬手段（ミサイル，爆撃機）の総数が約 600 基機となっている。

このように，特定の種類の核兵器数削減が進展する一方で，2000 年代に入ると，難問が浮上した。国際テロ集団やならず者国家からの脅威に対し，米国のジョージ・ブッシュ（子）政権は，核戦略の見直しを行った。ミサイル防衛（MD）の整備を進めたのである。MD とは，敵から発射されたミサイルを，自国の迎撃ミサイルで撃ち落とすシステムである。テロ集団やならず者国家のように合理性を欠く相手に対して，（核）抑止は効かない。MD で防衛しつつ，先制攻撃を行う以外に防衛の手段はないというのである（ブッシュ・ドクトリン；☞第 22 章）。

では，MD の何が問題だろうか。自国の安全を確保しようとしているだけではないか。実は，MD は，ロシアとの間の MAD を不安定にする可能性を有する。というのも，米国が MD を配備すれば，テロ集団やならず者国家からの攻撃だけでなく，ロシアからの攻撃に対しても防衛が可能になる。ロシアからの報復を恐れずに，米国がロシアに対して先制攻撃を行う誘因が生まれてしまうのである。1972 年 5 月に弾道弾迎撃ミサイル（ABM）制限条約を締結して以来，米ソ（露）両国は，MADを安定させるため，あえて防御兵器（ミサイル迎撃体制）の配備を抑制し，報復攻撃に対する脆弱性を維持してきた。ところが，2002年，ブッシュ（子）政権は，ABM制限条約からの離脱を一方的に通告し，MDの本格的な配備に踏み切ったのである。北朝鮮による核ミサイルの脅威に直面する日本も，「核の傘」（拡大抑止）を提供してくれる同盟国・米国とともにMD配備を進めている。

**まとめ** 本章で学んだことを自分自身の言葉でまとめてみましょう。

______________________________________________

______________________________________________

______________________________________________

______________________________________________

______________________________________________

**【討論ポイント】**

（1）第二次世界大戦後，およそ40年間続いた米ソ対立が「熱戦」に至らず，「冷戦」にとどまったのは，なぜでしょうか。核兵器の観点から考えてみましょう。他の理由があれば，併せて検討しましょう。

（2）米国のMD配備に対し，ロシアはどのような対抗措置を講じているでしょうか。また，中国はどのような反応を示しているでしょうか。MD配備が核保有国間の戦略バランスに及ぼす影響について考えましょう。

**【参考文献】**

①岩田修一郎『21世紀の軍備管理論』芙蓉書房出版，2016年。
②梅本哲也『アメリカの世界戦略と国際秩序――覇権，核兵器，RMA』ミネルヴァ書房，2010年。
③ギャディス，J. L.『ロング・ピース――冷戦史の証言「核・緊張・平和」』五味俊樹・阪田恭代・宮坂直史・坪内　淳・太田　宏（訳），芦書房，2002年。

**【引用文献】**

Brodie, B., ed., *The Absolute Weapon: Atomic Power and World Order*, New York: Harcourt, Brace and Company, 1946.

# 第 5 部
# 規範とアイデンティティ

# 第24章　文化と文明

## 24-1　国際関係における文化

Q. 24-1　近年，日本の文化を海外に発信しようとする動きが活発になっています。では，日本文化には具体的にどのようなものが含まれており，それらを海外に紹介することには，いかなる意味があるのでしょうか。思いつく限り書き出してみましょう。

A. 24-1

【解説 1】

文化という言葉から，あなたは何を連想するだろうか。映画・テレビ番組・スポーツ・ゲーム・漫画などの娯楽が，身近な文化としてイメージされるかもしれない。また，絵画・音楽・舞台・小説などの芸術や文芸を挙げる人もいるだろうし，ファッション・料理・建築などの衣食住に関わるものを思い浮かべる人もいるだろう。これら人間集団のさまざまな営みは，すべて文化の一例である。文化とは，それぞれの社会・国・地域のなかで育まれてきた生活様式や習慣・価値観などを含んでおり，私たちの生活そのものに密着している。

異なる国や社会には異なる文化が見出されるため，国際関係とは異文化間の関係であるともいえる。私たちが異なる国の文化に触れるとき，驚いて当惑することも，感銘を受けることも，場合によっては否定的な感情を覚えることもある。ある国の文化に好感をもつことは，その国自体を好きになることにつながりうるし，逆に好感をもてなければその国自体もあまり好きになれないかもしれない。国際関係においては，自らの文化がもつ魅力によって自国の好感度を上げることで，相手国の行動に影響を与え，自国の望む方向に動かそうとすることがある。文化のもつこうした力は「ソフト・パワー」と呼ばれ，軍事力や経済力などによって相手国を強制的に動かす力を意味する「ハード・パワー」とともに，国際関係を左右するものである。現代ではグローバル化が進み（☞第1章），世界中で文化間の交流が活発化

図 24-1 「アニメ文化大使」の活動 1)

1）出典：外務省 HP「外交青書 2009 第3章・第4節「アニメ文化大使」ドラえもんが在インドネシア日本国大使館にて記者会見（2008年6月17日，インドネシア・ジャカルタ）」〈http://www.mofa.go.jp/mofaj/gaiko/bluebook/2009/html/h3/h3_23.html（確認：2018年1月5日）〉

しているため，ソフト・パワーの重要性が増している。そこで各国は，自らのソフト・パワーを高めようと，自国の文化を他国にアピールする「文化外交」を展開しているのである。図24-1は，アニメ文化を通じて各国の日本への関心を高めようとする，日本の文化外交の一例である。

## 24-2　文化と文明の政治学

Q. 24-2　異文化が諸外国から流入することには，どのような意義と課題が見出されるでしょうか。さまざまなケースを想定して考えてみましょう。

**【解説2】**

世界各地には多様な文化が存在しているが，外国から新たな文化が入ってくることは，従来あった文化を変容・衰退・消滅させることにもなりかねない。そのため他国から輸入される文化に対して，歓迎する動きとともに，既存の伝統文化を破壊するとして反発する動きもしばしば生じている。ある外国の文化が魅力的であればあるほど，その文化を自国に受け容れる動きが活発になりうるため，既存の文化を守りたい人々の反発もいっそう強まることになる。こうして文化をめぐる政治的な対立や争いが発生する。

文化をめぐる国際的な対立は，さまざまな形で表面化している。特定の文化が他の文化を侵食していく問題を防ぐため，「文化の多様性」の維持が必要だとされてきた。人類共通の遺産として世界にさまざまある文化を守るため，国際連合教育科学文化機関（UNESCO）の総会で2005年に文化多様性条約が採択された。140を超える国々が批准しているこの条約は，自由市場経済のグローバル化によって米国の映画や音楽などが世界を席巻することを警戒するフランスやカナダが推進したものであり，米国は「貿易の妨げに悪用されかねない」として同条約に反対の姿勢をとった。文化と経済を一体のものとして捉えるフランスやカナダと，両者を切り離して捉える米国との違いがみられる（北村・西海2017）。文化の多様性を守る方法についても，「文化とは何か」に関する各国の理解の多様性によって，一筋縄ではいかない事態となっている。

一つの文化が，他の文化圏の人々を取り込み，地理的な広がりをもったとき，それは「文明」と呼ばれる。文化と文明の違いについてはさまざまな捉え方があるが，ここでは「文化」を一つの人間集団に固有の歴史を通じて培われてきた特徴として捉え，「文明」を他の人間集団へ拡張しうる一定の普遍性をもった文化に基づく，ある特定の時代・地域の社会のあり方として捉えることにしたい。たとえば，フランス文化は，フランスに住む人々が古代ギリシア・ローマやキリスト教の伝統を受け継ぎつつ独自に編み出してきた精神・生活様式・芸術などを意味し，近代の欧州文明は，欧州地域外の人々にも受容されている近代的な科学や技術などに基づく，およそ18世紀後半以降から現代までの欧州社会のあり方を意味する。現在までに世界各地でメソポタミア文明や中華文明などのさまざまな文明が勃興し，その文明圏を拡大して隆盛したのち，別の文明の勃興などによって衰退・滅亡してきた。こうして，国際関係を「国家」ではなく，より広い「文明」の視点で理解し分析することも可能である。文明の観点からは，いかなる世界がみえてくるだろうか。一つの見方として，複数の文明がひしめき合い，相互に他の文明へ影響力を広げようとする一方，他の文明が浸透してくることを避けようとし合う世界像があるだろう。こうした世界の見方について，次節でくわしく考えてみることにしよう。

A. 24-2

______________________________________________

______________________________________________

______________________________________________

______________________________________________

## 24-3 「文明の衝突」をめぐって

**【解説 3】**

異なる文明が対立し合うものとして世界を理解する見方を,「文明の衝突」論という。この理論によると，自由主義・資本主義と社会主義・共産主義というイデオロギー対立が世界を覆っていた冷戦が終わった後の世界では，人々の生活全体の根幹に関わる宗教の違いが前面に現れ，宗教をベースとした複数の文明同士の争いが起こりうるとされる。

文明の衝突論では，現在の主要な文明として，儒教に基礎をおく中国を中核とする「中華文明」，ヒンドゥ教に基づくインドの「ヒンドゥ文明」，キリスト教の教派の一つである西方教会（カトリックやプロテスタントなど）を基盤とする「西欧文明」，同じくキリスト教の教派である正教会に依拠した東欧やロシアなどの「東方正教会文明」，主にカトリックに基づく西欧文明と中南米の土着文化が融合した「ラテンアメリカ文明」，イスラム教の信仰者の多い国々を指す「イスラム文明」，そして中華文明から分離して形成された日本一国から成る「日本文明」などが挙げられる。同論を提起した米国の政治学者サミュエル・ハンチントンによると，異なる文明が接している「断層線」に沿って紛争が起こりやすいとされ，特に西欧と東方正教会・イスラム・中華との間での対立と戦争の危険性が高いとされる。21 世紀に入り，欧米とロシア・イスラム過激派・中国との対立や緊張状態が顕著にみられるようになってきたことから，文明の衝突論は現状を説明する理論として頻繁に言及されてきた。

しかし，文明の衝突論をめぐっては多方面から疑念も呈されてきた。実際に「文明は衝突している」といえるのか,「文明の内部」にこそ深刻な衝突がみられるのではないか，衝突ではなく「文明の対話」が必要なのではないかなど，文明の衝突論に対する批判は多岐にわたっている。これらの批判のなかには，ハンチントンの議論の立て方そのものを問題視する見解もある（セン 2017)。文明の衝突論の最も根本的で致命的な弱点は，宗教というある一つの分類によって世界の人々を区分してしまう点にある。世界中の人間は本来，貧富，階級，職業，支持政党，国籍，居住場所，使用言語などさまざまな面で違いがあるにもかかわらず，それらのすべてが隠されてしまうためである。「文明は衝突するのか」を問う議論が展開されることで，人々のもつアイデンティティ（「自分は何者であるのか」を示すもの）が実際には複数あることが，人々の認識から抜け落ちてしまうし，また「好戦的な唯一のアイデンティティを相手に付与すること」は，相手を憎むように仕向けたい者が用いる手段でもある。よって，宗教の違いに基づいた「文明の衝突」をめぐる論争自体が，他の宗教の信仰者に対する憎悪や対立を煽ることにつながりうると，批判されるのである。

しかしながら，文明の衝突論は単に宗教間の対立を扇動しうるものではない。価値観の異なる文明が複数あることを前提に,「多文明的世界」における平和の条件も提起している。そこでは，他の文明内で起こる衝突に各文明の中核をなす大国は干渉しないという「不干渉ルール」や，そうした大国が互いに交渉して自分たちの文明に属する国家や集団が関わる戦争を阻止・停止させるという「共同調停ルール」のほか，全文明の住民は他の文明の住民と共通してもっている価値観・制度・生活習慣を模索し，それらを拡大しようと努めるべきとする「共通性のルール」の三つの条件が示される。「何が当たり前のことで，何が正しいことなのか」を示す習慣や価値観の異なる人々が，世界中に存在する。この現実を無視して，大国が他国に干渉することや，唯一絶対と信じる正義を世界全体に当てはめようとすることは，新たな戦争の引き金となってしまう。文明の衝突論とその批判は，一方的な正義感や一面的な人間理解が世界中で人々の対立を引き起こしうることを，私たちに再認識させてくれる議論であるといえよう。

**まとめ** 本章で学んだことを自分自身の言葉でまとめてみましょう。

---

---

---

---

---

**【討論ポイント】**

(1) 文化や文明が異なるとされる人々の間でも共有できる価値観には，いかなる内容のものが含まれると考えられるでしょうか。各自の見解を話し合ってみましょう。

(2) 日本がもつソフト・パワーとはどのようなものでしょうか。日本政府が近年展開している「クール・ジャパン」戦略や文化外交などについて調べたうえで，その中身や是非について議論してみましょう。

**【参考文献】**

①青木　保『多文化世界』岩波書店，2003年。
②ナイ, J. S.『ソフト・パワー――21世紀国際政治を制する見えざる力』山岡洋一（訳），日本経済新聞出版社，2004年。
③ハンチントン，S. P.『文明の衝突 上・下』鈴木主税（訳），集英社，2017年。

**【引用文献】**

北村泰三・西海真樹（編）『文化多様性と国際法――人権と開発を視点として』中央大学出版部，2017年。
セン，A.「文明は衝突するのか――問いを問い直す」『アマルティア・セン講義 グローバリゼーションと人間の安全保障』加藤幹雄（訳），筑摩書房，2017年。

# 第25章 人　　権

## 25-1 日常生活における人権

**Q. 25-1** 人権の侵害には，どのような行為が含まれるでしょうか。あなた自身の周辺でも起こるかもしれない具体的な状況を想像して，列挙してみましょう。

**A. 25-1**

【解説 1】

もしあなたが，周囲の人から自分の肌の色について揶揄するようなことばを投げかけられたら，憤りを感じるのではないだろうか。あるいはまた，あなたの親しい人や友人が，性別を理由に就職できなかったり，特定の宗教を信仰していることを理由に，複数の人間から暴行を受けたりしたら，どう感じるだろうか。以上はすべて，人種差別・性差別・少数派に対する差別などとして世界各地でみられる人権侵害の一例であり，このような理不尽で人の尊厳を踏みにじる事態から人々を守るために，人が誰しも有する「人権（human rights）」の考え方が提起され，人権の擁護が求められてきた。

しかし，「人権が大切だということはもちろんわかっているが，人権侵害はあまり自分自身にとって身近な問題とは思えない」という人も，少なくないかもしれない。ここで図25-1のグラフを見てほしい。近年，日本ではインターネット上で，他人に対する中傷や侮蔑を行う，無責任なうわさや特定の個人のプライバシーに関わる情報を勝手に流す，特定の民族や国籍の人々を排斥するような差別的な言動（ヘイトスピーチ）を書き込むなど，インターネットを悪用した人権侵害が年々増加し続けている。スマートフォンが普及し常時インターネ

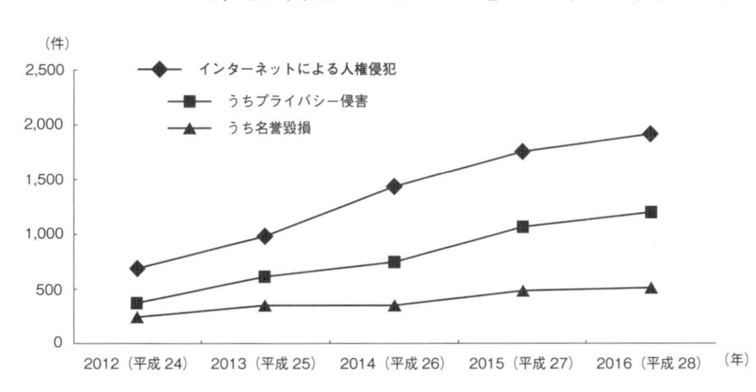


図25-1　インターネットを利用した人権侵犯事件の推移[1)]

1）出典：法務省HP「インターネットを悪用した人権侵害をなくしましょう」〈http://www.moj.go.jp/JINKEN/jinken88.html（確認：2017年12月29日）〉

ットにアクセスできる環境が整っている今の日本では，誰しもが人権を侵害される可能性があり，また同時に誰もが他者の人権を侵害してしまう可能性がある。人権問題は，現実の身近なところに潜んでいるのである。

## 25-2　世界における人権の歩みとルール化

Q. 25-2　人権を擁護する動きは，どのようなプロセスを経て世界中に広まっていき，また，いかなるルールとして結実しているのでしょうか。

**【解説2】**

長い歴史のなかで人権を擁護する社会や世界を実現すべく，さまざまな努力が積み重ねられてきた。人権を擁護する思想の歴史は，国王がもつ権力を制限して人々の財産権を守ろうとした，英国のマグナ・カルタ（1215年）に遡ることができる。18世紀には，欧米各国を中心に人権を守ろうとする意識が高まり，人権を謳った文章としてアメリカ独立宣言（1776年）やフランス人権宣言（1789年）などが登場する。その後，最上位の法である憲法で国家権力を制限して，個人の自由を尊重する「自由権」（表現・集会・職業選択などの自由の権利や不当に逮捕されない権利など）が規定されるようになった。20世紀には，貧富の格差や過酷な労働環境などの問題に対応すべく，社会のなかで人間らしく生きるために必要とされる「社会権」（生存権・労働者の権利・教育を受ける権利など）も，人権の一部として憲法で規定されるようになった。今日では，これら自由権や社会権などの多種多様な人権の規定が，多くの国々の憲法に記されている。

ところが，第一次世界大戦後の世界で最も進歩的な人権の規定が記されていたワイマール憲法を有したドイツで，アドルフ・ヒトラー率いるナチス（国家社会主義ドイツ労働者党）が国家の全権を掌握して独裁を行う全権委任法が成立し，同憲法の機能は停止されてしまう。こうしてナチス・ドイツは，アウシュヴィッツに代表される強制収容所において，最悪の人権侵害ともいうべき大量虐殺（ホロコースト）や強制労働を合法的に行ったのである。第二次世界大戦後，この悲惨な人権侵害を繰り返さないためにも，各国の憲法上の人権規定だけでなく，人権についての国際的なルールや合意が求められ，1948年に国連総会で世界人権宣言が採択された。同宣言は法的拘束力（法として各国に遵守させる強制力）のない総会決議であったため，1966年に各国が条約として遵守する義務をもつ国際人権規約[2]が国連総会で採択された。国際人権擁護の動きは，各種の人権侵害に対応する個々のルールの制定を通じても高まっていく。大量虐殺の再発を防止するためのジェノサイド条約（1948年）や，難民条約（1951年），人種差別撤廃条約（1965年），女子差別撤廃条約（1979年），子どもの権利条約（1989年）などは，その主たる例である。

日本では第二次世界大戦後に制定された日本国憲法において，「健康で文化的な生活を営む権利」（第25条）などの基本的人権の尊重がルール化されている。では，日本を含むいまの世界では，人権の擁護に向けて各国が一致団結して取り組んでいるのだろうか。次節でくわしくみてみよう。

2）経済的・社会的及び文化的権利に関する国際規約（社会権規約やA規約ともいう）と，市民的及び政治的権利に関する国際規約（自由権規約やB規約ともいう）ほかの総称。

A. 25-2

---

---

---

---

## 25-3 国際関係における人権の構成と変容

**【解説3】**

人権は目に見えるものではなく，人々の間で共有される規範である。そのため，大枠として人権の大切さを世界中の大多数の人々が理解し共有できたとしても，何が具体的に人権のなかに含まれるのか，人権の擁護の方法をどうするかなどについて，国や社会によって意見が分かれることがある。たとえば，死刑を国家による人権侵害として廃止している国が多数ある一方で，日本，中国，米国などでは死刑制度の廃止に至っていない。さらに，前節でみたように，人権擁護の歴史は西欧を中心として展開されてきたため，他の地域では欧州の価値観とは異なるタイプの人権がありうるとの主張がなされている。特にアジアでは，個人の自由よりも社会全体の規律や秩序が重視され，その価値観に応じた「アジア的人権」があるとする主張が，シンガポールなどの東アジア各国の指導者らによって唱えられてきた。だが，こうした理解は，人権が本来求めている国家権力の制限を無効にする危険性があるため，世界的には受け入れられていない。

しかしながら，人権の擁護に長年取り組んできた英米などが，世界の人権擁護を常に先導しているわけではない。2001年9月11日に起きた米国同時多発テロ事件以降，米国は「テロとの戦い」を開始して（☞第14章），「テロを阻止するためには人権侵害も厭わない」ともいうべき行動に出た。たとえば，2001年10月に米国の連邦議会で制定された愛国者法では，政府当局に盗聴のほか，テロリストの嫌疑がかけられた外国人の一方的な拘禁を行う権限などが付与された。また，キューバにあるグアンタナモ米軍基地や，2003年のイラク戦争後にイラクの首都バグダッドに置かれたアブグレイブ刑務所では，テロリスト支援者と疑われる人々に対する恣意的な逮捕，裁判なしの拘禁，拷問ともいえる取調べ，虐待などが行われた。米国は，カーター政権期にみられるように，世界に人権を普及させようとする「人権外交」を展開してきた国であり，人権尊重の観点から中国や中東・ラテンアメリカなどの国々の政府を批判し，人権を強く擁護していると考えられてきた国である。このような国が自ら，人権尊重の原則を簡単に放棄してしまったかのようにみえる行動をとったことは，世界に多大な衝撃を与えた。また，英国でも，2001年12月に反テロリズム・犯罪・安全法が制定され，テロの容疑者を無期限拘束する権限が政府に与えられるなど，テロ対策を名目とした人権侵害の是非が議論の的になってきた。

以上から明らかなことは，人権とは「社会的に構成されたもの」であるということである。人権は，人々の間で「守るべき大切なルール」だという認識が共有されて初めて規範として成り立つのであり，その認識が場所や時代によって異なることで，上記のような事態が生じるのである。だが，このことはまた，人々の認識が変化することで，それまではルールに含まれていなかったものが，人権のなかに含まれるようになる可能性があることを示している。実際，人権思想の世界的な広がりが，今日の多様な国際人権の諸条約の締結につながってきた。生物兵器，化学兵器，対人地雷，核兵器がいかに非人道的な兵器であるのかを，国際NGO（☞第13章）などが世界中の人々に伝えることで，これらの兵器をどう扱うかは軍事的な問題だけではなく，人権に関わる問題として広く認識されるようになり，その結果，生物毒素兵器禁止条約，化学兵器禁止条約，対人地雷禁止条約，核兵器禁止条約が締結されてきた（☞第3・第22章）。人権の規範がより広範な支持を得れば，国際政治を大きく動かすこともありうる。人々の間で共有される規範やアイデアが世界を作り上げ，また，そうして作り上げられた世界のあり方に私たちのものの考え方も影響されているとする理論は，コンストラクティヴィズム（社会構成主義）と総称される（大矢根 2013）。人権のような国際規範がいかに生成し遵守されるようになるのかについての詳細な分析が，同理論を通じてなされているのである。

**まとめ** 本章で学んだことを自分自身の言葉でまとめてみましょう。

【討論ポイント】

(1)「テロを防ぐためには一定の人権侵害はやむをえない」との主張について，あなたはどう考えますか。テロの容疑者に対する拷問や，監視カメラの設置などの是非について，意見を出し合ってみましょう。

(2) あなたは死刑が人権に反する制度だと考えますか。死刑制度をめぐる各国の立場や人権NGO，国連などの国際組織のさまざまな議論や活動を調べたうえで，あなた自身の見解を示して議論してみましょう。

【参考文献】

①ヒューマンライツ・ナウ（編）『人権で世界を変える30の方法』合同出版，2009年。
②横田洋三（編），富田麻理・滝澤美佐子・望月康恵・吉村祥子『国際人権入門 第2版』法律文化社，2013年。
③フリーマン，M.『コンセプトとしての人権――その多角的考察』高橋宗瑠（監訳），現代人文社，2016年。

【引用文献】

大矢根聡（編）『コンストラクティヴィズムの国際関係論』有斐閣，2013年。

# 第 26 章　人道的介入

## 26-1　人道的介入とは何か

Q. 26-1　戦争や内戦が行われている国で，虐殺，強姦，強制移動などに苦しんでいる人々を救うために，国連や諸外国は何ができるでしょうか。考えてみましょう。

A. 26-1

**【解説 1】**

人道的介入とは，「単一または複数の国家が，他国における住民の広範な苦痛や死を防止する目的で当該国当局の同意なしに実施する，武力行使を含む強制行動」である（Roberts 1996）。大量かつ組織的な人権侵害から戦闘員ではない一般の人々（文民）を保護することが目的であり，手段として用いられるのは軍事力である。

コソボ紛争の例を紹介しよう。コソボはセルビア共和国内の自治州であったが，人口のおよそ9割を占める多数派のアルバニア系住民（イスラム教徒）が，1991 年 9 月，コソボ共和国の樹立を宣言した。その一方で，セルビア政府は，コソボの自治権強化に消極的であった。両者が武力紛争に至ったのは，1998 年 2 月であった。武力による独立を目指すコソボ解放軍の活動激化に対して，セルビア治安部隊が掃討作戦を開始したのである。

図 26-1　コソボ共和国 [1]

両勢力による激しい戦闘が続くなか，1999 年 1 月 15 日，ラチャク村でアルバニア系住民 45 人が虐殺される事件が発生した。すると，米国を中心とする北大西洋条約機構（NATO）諸国は，セルビア治安部隊による犯行と断定し，同年 3 月，アルバニア系住民の保護を目的に，セルビア全土への空爆を開始した。78 日間に及ぶ空爆の結果，人的・物的に多大な損害を受けたセルビアは，6 月，米国，ロシア，欧州連合（EU）が提示した和平案を受け入れた。ただし，空爆の間に，85 万人のアルバニア系難民が発生した。逆に，戦闘が終わった後には，アルバニア系住民によるセルビア系住民に対する報復が続き，20 万人以上が難民となった。

1）出典：外務省 HP〈http://www.mofa.go.jp/mofaj/area/kosovo/index.html（確認：2018 年 2 月 19 日）〉

国際戦略研究所（IISS）の調査報告によると，武力紛争による2016年の死者数は，戦闘員・非戦闘員を合わせて，世界全体で15万7千人に上った。また，国連難民高等弁務官事務所（UNHCR）によると，2016年末時点で，世界の難民の数は2250万人，国内避難民の数は4030万人とされる。武力紛争の犠牲となる人々に対して，私たちはどのように関わることができるだろうか。

## 26-2　人道的介入をめぐる国際規範の対立

**Q. 26-2**　人権が脅かされている他国の人々を保護することは，その国の主権を侵害する根拠となるでしょうか。また，そのために軍事力を行使することは許されると思いますか。

**【解説2】**

NATO軍によるコソボ紛争への軍事介入は，国際的な論争を惹起した。論点は，大きく二つあった。一つは，国家主権との兼ね合いである。というのも，武力紛争が行われている国家（政府）の許可がない状態で，他国や国際機関が介入することは，伝統的な国際法の観点からみれば，国家主権の侵害であり，内政干渉に当たるからである（☞第2章）。冷戦後の国内紛争では，軍事要員と文民の区別が曖昧で，後者の生命や安全が脅かされることが多い（☞第4章）。では，こうした人々を救出するという人道的な目的は，主権の侵害や内政干渉を正当化するだろうか。

コソボ紛争への介入が論争を呼んだもう一つの点は，軍事力という手段を用いることの是非であった。一方では，戦闘が行われている只中に介入して武装勢力を排除しつつ，人々を保護するためには，介入する側も武装し，軍事力を行使することが避けられない。他方で，国連憲章は，「武力行使の禁止」を定めている（☞第8・第9章）。人道的な目的は，武力行使を正当化するだろうか（☞第6章）。

国連憲章が内政への干渉と武力の行使を認める例外的な場合がある。憲章第7章に基づいて，安全保障理事会（安保理）が強制措置の決議を行った場合である（☞第9章）。だが，コソボへの軍事介入に際しては，常任理事国であり拒否権をもつロシア，中国の賛成を得ることができなかった。そこで，安保理の承認を欠いたまま，NATO諸国が軍事介入（セルビア攻撃）に踏み切ったのであった。結果として，国際法（国連憲章）違反の疑義が生じたが，その一方で，暴力に苦しむ人々の保護は，国際世論からの要請でもあり，NATO軍の行動に対しては，「違法だが正当」（コソボに関する独立国際委員会）との評価がなされるようになった。

このような人道的介入をめぐる国際規範の矛盾は，どのようにして折り合いをつけることができるだろうか。2000年代に国連が出した答えが，「保護する責任（responsibility to protect）」という概念であった。これは，カナダ政府の呼びかけで設立された「干渉と国家主権に関する国際委員会」が2001年12月に国連に提出した報告書で提起され，2005年9月の国連首脳会合成果文書で採用された概念である。では，「保護する責任」とは，どのような考え方で，いかに実践されてきたのだろうか。

A. 26-2

## 26-3 「保護する責任」の実践と課題

**【解説 3】**

2009 年に潘基文国連事務総長がまとめた報告書『保護する責任の実施』によれば，人々（文民）を「保護する責任」は，以下の三本柱に従って実施されるべきである。第一に，各加盟国は，自国の文民を保護するために責任を果たす。第二に，責任を果たす意思があっても，保護能力に欠ける加盟国の能力を強化するため，国際社会が支援と能力開発を行う。第三に，能力あるいは意思の欠如により，ある国家が責任を果たせていないと安保理が判断する場合，国連と他の加盟国は，安保理の決定に従って集団的措置をとる。ここでは，人道的危機への対処にあたり，国際社会が内政に軍事介入する「責任」をもつとする新たな行動原則を明示する一方で，危機に陥った国家の主権を尊重する段階を踏むことで，内政不干渉原則と人権保護規範との齟齬を乗り越えようとしていること，また，軍事介入にあたっては，国連安保理の手続きを重視することで，武力不行使原則との整合性を確保しようとしていることが読み取れる。

「保護する責任」の原則に従って人道的介入が実践された事例として，NATO 軍によるリビア内戦への介入を取り上げよう。北アフリカに位置するリビアでは，1969 年以来，ムアンマル・カダフィ大佐による独裁政権が続いていたが，2011 年 2 月から，民主化を求める反体制デモが拡大した。カダフィ政権が激しい武力弾圧に出ると，国連安保理は，3 月 17 日，決議 1973 号を採択した。同決議は，「国民を保護するリビア当局の責任を繰り返し表明」し，即時停戦を要求した。そのうえで，「事態は国際の平和および安全に対する脅威を構成すると認定」し，「憲章第 7 章に基づいて行動」するとして，加盟国に対して，「文民および文民居住地区を守るために［…］すべての必要な措置をとる権限を付与」した。これは，「保護する責任」に依拠した初の安保理決議であるとされる。採決にあたって，常任理事国のロシアと中国は棄権し，反対票を投じなかった。

こうして，3 月 19 日から，NATO 諸国を中心とする多国籍軍がリビアに介入し，軍事作戦を実行した。その結果，8 月下旬には，首都トリポリを制圧し，反体制派が暫定国民評議会を組織した。10 月には，カダフィが反カダフィ派部隊によって拘束，殺害された。安保理決議を踏まえたリビアへの軍事介入は，カダフィ政権による反体制派のリビア国民に対する弾圧を終わらせることに成功し，その意味で，「保護する責任」を果たしたといえる。

しかし，同時に深刻な問題を残すことにもなった。というのも，リビアの人々を保護するための軍事介入が，政治体制の転換という結果に至ったからである。NATO 諸国からすれば，カダフィ政権軍が，体制の存続を唯一の目的として弾圧を続けている以上，文民保護を実現するには，カダフィ政権，そして，カダフィ個人を打倒し，体制転換を図るしかないということになる。それに対し，ロシア，中国などは，「文民保護の名を借りた内政干渉」であるとして反発した。確かに，安保理決議は，リビア国民の保護を要請したのであって，カダフィ政権打倒の権限を加盟国に授権したわけではなかった。

「保護する責任」と「体制転換」との間のジレンマは，シリア内戦への対応に引き継がれた。シリアは，2011年3月，バッシャール・アル＝アサド大統領率いる政権軍と反体制派の間で内戦状態に陥った（☞第4・第22章）。政権による自国民殺害が進行するなか，安全地帯を設置して反体制派の人々を保護するには，大規模な兵力による介入が必要と判断されたが，ロシア，中国が拒否権を行使したため，国連決議に基づく介入は実施されていない（2018年3月現在）。両国は，リビアへの軍事介入が，文民保護を掲げながらも体制転換に結びついたことに対する不信感を抱いており，シリアでの同様の事態を警戒したのである。結果として，国連は，シリアでの殺戮を停止させる有効な手段をとれずにいる。

**まとめ**　本章で学んだことを自分自身の言葉でまとめてみましょう。

________________________________________

________________________________________

________________________________________

________________________________________

________________________________________

**【討論ポイント】**

(1)「保護する責任」を果たすための人道的介入は，どのように実践されてきたでしょうか（あるいは，実践されなかったでしょうか）。また，それはなぜでしょうか。

(2) 人道的介入を行う際に生じる問題を克服するには，どのような方法があるでしょうか。また，軍事介入以外に，物理的危害を加えられている人々を救い出す方法があるでしょうか。解説文で取り上げられていない事例を調べて，考えましょう。

**【参考文献】**

①最上敏樹『人道的介入――正義の武力行使はあるか』岩波書店，2001年。
②吉川　元『国際平和とは何か――人間の安全を脅かす平和秩序の逆説』中央公論新社，2015年。
③ウォルツァー，M.『正しい戦争と不正な戦争』萩原能久（監訳），風行社，2008年。

**【引用文献】**

Roberts, A., *Humanitarian Action in War: Aid, Protection and Impartiality in a Policy Vacuum,* London: Oxford University Press for the International Institute for Strategic Studies, 1996.

# 第 27 章　破綻国家の再建

## 27-1　脆弱・破綻国家とは

Q. 27-1 「脆弱国家」「破綻国家」という言葉を聞いて，具体的にどの地域のどのような国を思い浮かべますか。また，そこで思い浮かべた国がもつ特徴のうち，どのような点がこれらの言葉に合致しているのかを書いてみましょう。

A. 27-1

**【解説 1】**

最近はメディアなどでも「破綻国家」という言葉を見聞きすることが多くなった。その傾向が顕著になったのは，2001 年 9 月 11 日の米国同時多発テロ事件（以下，9.11 事件；☞第 14 章）以降のことだろう。

では，まず脆弱国家と破綻国家の定義から確認しておこう。Q. 27-1 で答えた国が実際の定義と合っているかどうか確認してみてほしい。脆弱国家（fragile state）とは，「発展途上国のなかでもいまだ紛争要因を抱えていて，政府が治安をはじめとする国家としての基本的な公共サービスを提供できない状態にある国家」のことを指す。たとえば，内戦は終結したものの依然として紛争要因を抱えているカンボジアや東ティモール，多くのアフリカ諸国がこれにあたる。そして，その脆弱国家のなかでも，「内戦などで政府の機能が完全に停止してしまい，公共サービスが軍閥など政府以外の集団によって部分的に提供されているにすぎない状態に陥っている国」を破綻国家（collapsed states）と呼ぶ。失敗国家（failed states）と呼ばれることもある。現在のアフガニスタンやシリアなどがまさにこの定義にあてはまる。アフガニスタンでは各地域にその地域を支配する軍閥が存在しており，中央政府の統治は首都カブールの周辺のみに限定されていて全土に及んでいない。また，イスラム原理主義勢力のタリバンの活動が再び活発化しているため，テロや戦闘が頻繁に起こり，政府の治安維持能力はますます威信を失ってしまっているのが現状だ。

では，定義を確認したところで，次に，なぜこのような脆弱国家・破綻国家が現在の国際関係論において重要視されているのかを考えてみよう。

## 27-2　国家の破綻と国際秩序

Q. 27-2　国家としての機能をほとんど，あるいはまったく維持できていない破綻国家の存在が，なぜ豊かで安全な先進諸国にとっても無視できない存在になっているのでしょうか。このような国々を放置することで，先進諸国に住む人々にどのような影響があると考えられるでしょうか。

**【解説 2】**

破綻国家の存在が注目を集めるようになった理由は，それまでは世界からその存在をほとんど忘れられていたといっても過言ではないアフガニスタンという破綻国家が，国境を越えて豊かで安全な先進国に対して行われた大規模なテロの拠点となっていたからである。先進諸国が存在する世界と，破綻国家を含む多くの途上国が存在する世界は，まるで別世界のように切り離されており，双方のほとんどの国民にとって，他方の世界の人々と接触する機会はほとんどないのが一般的である。しかし，9.11 事件では，世界から忘れられていた破綻国家から，ある日突然豊かな先進国にテロ組織が飛び込んできた（☞第 14 章）。破綻国家の住人たちのなかには，何年，何十年にもわたって不平等な国際構造に対する憎しみをつのらせていた人たちもいたのである。

この事件以降，国家としての機能をほとんど，あるいは，まったく有していない国家の再建が国際安全保障上の重要な課題となった。電気・上下水道・医療・治安維持など日本では当たり前の公共サービスを提供できない国々についての議論は，すでに 1990 年代から主に国際協力機構（JICA）や非政府組織（NGO）など国際援助業界のなかでなされていたが，9.11 事件によってそうした破綻国家の存在が国際秩序を不安定化させる要因とみなされるようになり，安全保障の観点からも関心を集めるようになった。

世界中を見渡せば，内戦や宗派対立によって国内の統治が安定しておらず，過激派組織やテロ組織が自由に活動している国々がいくつも存在していることがわかる。2003 年 3 月に始まったイラク戦争では，米軍がイラク軍に圧勝し戦闘は数日で終了した（☞第 22・第 29 章）。ところが，その後の占領・統治政策でつまずき，イラク国内の治安情勢は悪化の一途をたどった。イラクは中央政府がまったく機能せず，フセイン政権下で権力基盤を支えていたバース党の残党勢力がイラク国内で襲撃やテロを繰り返すようになった。その他のアラブ諸国では，2010 年 12 月に始まった民主化要求運動（「アラブの春」）が各国で広がり，チュニジアやエジプトなどでは政権交代が起こるまでに至った。その影響を受けたシリアでは国内統治が不安定化し，中央政府の意向が及ばない地域において，イスラム過激派組織の「イスラム国（Islamic State：IS）」が実効支配する状況が続いている（☞第 4・第 22 章）。アフリカでも，たとえばナイジェリアでは，イスラム過激派組織のボコ・ハラムが 2014 年 4 月に 200 名以上の女子学生を誘拐するなど依然として活発に活動を続けており，中央政府はそうした反政府武装勢力を完全に制圧できずにいる。

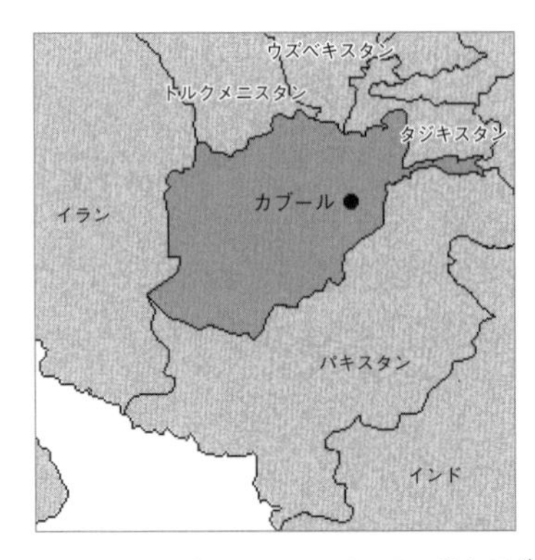

図 27-1　アフガニスタン・イスラム共和国 [1]

1）出典：外務省 HP〈http://www.mofa.go.jp/mofaj/area/afghanistan/index.html（確認：2018 年 2 月 19 日）〉

こうした不安定地域が広がることで，再び先進諸国への大規模なテロ行為の拠点となるリスクも拡大していく。かつては強力な独裁政権があったために地下活動を余儀なくされていた過激派が，中央政権の崩壊によって取り締まられることなく自由に活動するようになった。堂々と活動するなかで，テロリスト予備軍が世界各地から集まり，その場を拠点にして訓練などを受け，再び世界各地へと散っていく。日本国内では 2018 年 3 月現在で大規模な国際テロは起こっていないものの，脆弱な市民や民間施設など「ソフトターゲット」を狙う無差別テロは，どこで起こってもおかしくはない状況である。このような状況においては，破綻国家の再建をどのように支援するかという問題は，全世界の国々にとって最も重要な安全保障上の課題の一つになっている。

A. 27-2

______________________________

______________________________

______________________________

______________________________

## 27-3　破綻国家に対する国際社会の支援

**【解説 3】**

ここまでで破綻国家の現状を放置することが，国際社会全体にとっていかに危険であるかがわかったのではないだろうか。ではこれまでのところ，日本を含む国際社会は，破綻国家の再建・復興のためにどのような支援を行っているのだろうか。

破綻国家が取り組まなくてはならないことは，数えきれないほどある。公共サービスを国民に提供できるようになるには，経済や担当省庁の建て直し，国内制度の新設・改善が必要となろう。しかしながら，破綻国家で最も深刻な問題は，アフガニスタンの事例で明らかなように，一向に改善しない治安状況である。したがって，このような状況では，どうしても治安を担当する国家機関の建て直しが優先されることになる。そのための活動の代表的なものが，治安部門改革（security sector reform：SSR）や武装解除・動員解除・社会復帰（disarmament, demobilization, reintegration：DDR）などである。SSR は主として軍や警察，広くは裁判所や刑務所などをも含む治安維持に関わる国家機関の建て直しを目的とする活動である。単に装備や技術の支援を行うだけでなく，正統な国軍・国家警察などの構成員として国民を守ることのできる治安部門に生まれ変わるため，人権や法の支配や民主的統治など規範的な面での組織の

**図 27-2　アフガニスタンのカルザイ大統領（2005 年当時）に最後の武器を渡す国軍兵士** [2]

2）出典：外務省 HP〈http://www.mofa.go.jp/mofaj/gaiko/oda/shiryo/hakusyo/05_hakusho/ODA2005/html/column/cl02014.htm（確認：2018 年 4 月 23 日）〉

体質改善も行う。国民を分断している内戦下での対立を乗り越え，国民から支持される治安部門を養成することで，経済・社会復興にも道筋をつけられるようにする。

また，DDRとは，これまで戦うこと以外に何も経験したことのない兵士たちの武器の処分，軍の解散，さらには故郷の村に帰って自立していけるように職業訓練などを提供する活動のことである。これらは，元兵士たちが再び戦闘へと戻っていかないようにするための重要な活動であり，治安の一刻も早い改善が望まれる破綻国家においてはとりわけ重要な活動である。2002年以来，日本はアフガニスタンにおけるこのDDRの支援を主導してきた（2005年に完了）。さまざまな障害が立ちはだかっているとはいえ，こうした地道な活動が破綻国家を支援していく国際社会の強い意志を示すものとなっている。

**まとめ** 本章で学んだことを自分自身の言葉でまとめてみましょう。

【討論ポイント】

（1）本章で取り上げていない破綻国家の事例を探して調べ，グループ内で話し合ってみましょう。

（2）破綻国家の再建支援のために日本ができることは何でしょうか。グループ内で意見を出し合ってみましょう。

【参考文献】

①稲田十一（編）『開発と平和――脆弱国家支援論』有斐閣，2009年。
②瀬谷ルミ子『職業は武装解除』朝日新聞出版，2015年。
③ Zartman, I. W., ed., *Collapsed States: The Disintegration and Restoration of Legitimate Authority*, Boulder, CO: Lynne Rienner, 1995.

# 第 28 章　紛争後の平和構築

## 28-1　冷戦の終結と国連への期待の高まり

**Q. 28-1** 冷戦終結直後に，国連は自身の機能強化をすべくさまざまな取り組みに着手しました。では，米ソ冷戦が終結したとき，新たに国連ができるようになった（と期待された）ことは何だと思いますか。思いつくものを書いてみましょう。

**A. 28-1**

**【解説 1】**

さて，Q. 28-1 の解答はどのようなものになっただろうか。真っ先に思いつくのは，米ソ対立が終わったのだから，米ソをはじめとする国連安全保障理事会の五つの常任理事国が協力して世界の紛争に対処できるようになる，ということではないだろうか。実際に，国連の紛争解決機能への期待は，冷戦後大きく高まった。1990 年 8 月にクウェートに軍事侵攻したイラクに対する武力行使を容認する安保理決議 678（1990 年 11 月）の採択に際しては，米国とソ連が共に賛成票を投じた（常任理事国では中国のみ棄権で，他の 4 か国はすべて賛成）。そして，翌 1991 年 1 月に起こった湾岸戦争では，国連加盟国から成る多国籍軍が派遣され，集団安全保障体制が機能したのである（☞第 9 章）。これからは大国間協調によって世界の平和と安定を維持していけると思わせるに十分な画期的出来事であった。

こうした国連の役割への期待の高まりを受け，1992 年に当時の国連事務総長だったブトロス・ブトロス＝ガリは，報告書『平和への課題（*Agenda for Peace*）』を発表した。そのなかで，ブトロス＝ガリは，（集団安全保障とは別に）国連が担うべき平和に向けた諸活動を四つに体系的に整理した。その四つとは，「予防外交」「平和創造」「平和維持」「紛争後の平和構築」である。「平和創造」には，外交などによる紛争の平和的解決と，和平合意を妨害する反乱武装勢力などを強制力によって制圧する「平和強制」の両方が含まれていた（☞第 10 章）。この四つの活動のすべてが冷戦後の「国際の平和と安全」にとって重要なものであるが，本章では，とりわけ，最後の「紛争後の平和構築（post-conflict peace building）」についてくわしく学んでみよう。

## 28-2 平和構築活動とは

**Q. 28-2** 「平和構築（peace building）」と呼ばれる活動がどういうものであり，冷戦後になぜ必要だと認識されるようになったのかを説明してみましょう。

**【解説 2】**

冷戦後，紛争の主流形態の変化に伴い（☞第4章），それまで国連が取り組んできた「平和維持（peacekeeping）」だけでは紛争の継続・再発を防げないとの認識が強まってきた（☞第10章）。軍事的な対応だけでは不十分で，紛争後の現地国政府の統治能力向上や，生活基盤の建て直し，治安の回復など「国づくり」も支援しなくてはならないと考えられるようになった（☞第27章）。国連を中心とする国際社会が，紛争中から紛争後への移行が円滑に進むよう継ぎ目のない支援を行うようになった（図28-1）。

平和構築の活動内容をもっと具体的にみてみよう（表28-1）。従来の伝統的な「平和維持」の任務に比べて，「平和構築」には非軍事的な活動が加わっていることがわかるだろう。また武装解除・動員解除・社会復帰（DDR）や治安部門改革（SSR）など軍や武器を対象とする活動であっても，そこには多くの文民専門家が関与している。平和維持はそのほとんどが国連PKO部隊によって行われてきたが，平和構築には国連以外にも多くの個人や非政府組織（NGO）などが関与している。DDRとは，武器を回収・処分するだけでなく，兵士たちの社会復帰を促進するため職業訓練なども行う活動であり，SSRとは，治安に関わる機関（主として軍と警察）を，法制度，組織，装備，人権規範などの観点から，真に国民を守れる組織へと体質改善させることまで視野に入れて支援する活動のことである（☞第27章）。

平和維持と平和構築の密接な連携の重要性は，2000年にコフィ・アナン国連事務総長に提出された「ブラヒミ報告」（ラフダール・ブラヒミ元アルジェリア外相が報告書を作成したパネルの議長を務めたため，そう呼ばれる）で明確に指摘された。紛争中で，まだ和平合意が成立していない段階であっても，さまざまな支援（たとえば，一部の武装勢力が戦闘を続けていても，すでに非武装化に同意した勢力の武装解除を実施したり，当該地域の復興・開発支援を継続するなど）を行うことから，当初の「紛争後の平和構築」という言葉から「紛争後の」が取られ，一般に「平和構築」と呼ばれるようになった。

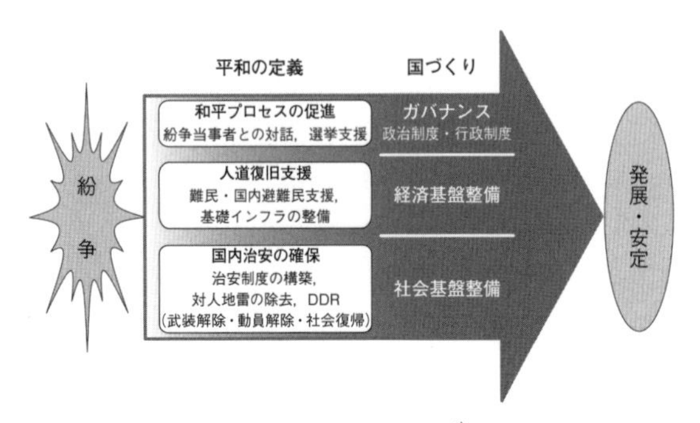


図28-1　平和構築の流れ[1]

表28-1　平和構築の活動内容（著者作成）

| 平和維持 | 平和構築 |
|---|---|
| 停戦監視 | 国家再建（SSR含む） |
| 兵力引き離し | 選挙支援 |
| 外国軍撤退の検証 | DDR |
| 武器移転の管理 | 地雷除去 |
| 治安・秩序の維持 | 難民支援 |
| 予防展開 | 人権状況検証 |

1）出典：外務省HP〈http://www.mofa.go.jp/mofaj/press/pr/wakaru/topics/vol37/index.html（確認：2018年3月7日）〉

A. 28-2

________________________________________

________________________________________

________________________________________

________________________________________

## 28-3　文民専門家ニーズの高まりと日本の平和構築人材育成事業

**【解説 3】**

では，こうした平和構築に対して，日本はどのような貢献をしているのだろうか。まず，平和維持と平和構築の継ぎ目のない連携が模索されたことで，国連の活動内容は多様化した。その多様化に伴い，さまざまな技能や知識をもつ職員が必要になった。すなわち，平和維持の主要任務であった停戦監視，兵力引き離し，治安維持といった軍人や警察官が主体の活動に加えて，人道支援，開発・教育援助，法整備支援，DDR など多様な任務が平和構築の一環として行われるようになったため，そうした任務遂行に必要な技能や知識をもった文民専門家のニーズが高まったのである。憲法の規定によって軍事的な国際貢献には制約がある日本にとって，「人間の安全保障」とも密接に関わる平和構築は，まさに存在感をアピールできる分野であるといえよう。

こうした動きを支援するため，日本は 2007 年から「平和構築人材育成事業」に取り組んでいる。大学や現場の専門家による講義とワークショップによって実践的な専門知識・技術を習得する「国内研修」と，平和構築の現場で活動する国際機関などで現場経験を積む「海外実務研修」から構成され，最終的には政府機関，国際機関，NGO などへ平和構築の現場で活躍できる人材の就職支援を行う（図 28-2）。日本人も外国人も含め，すでに多くの人材を平和構築の現場に輩出している。

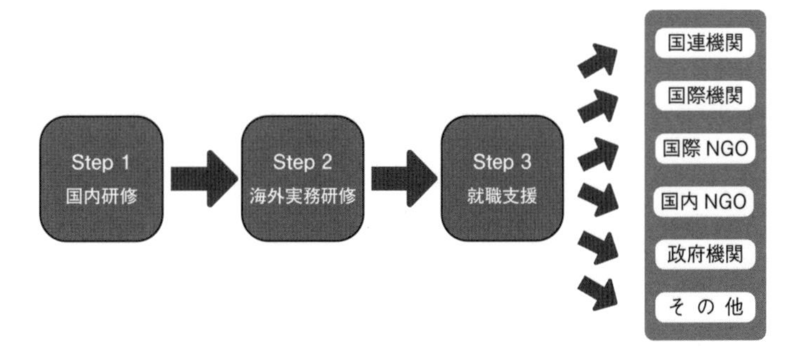


図 28-2　平和構築人材育成事業の流れ [2)]

2）出典：外務省 HP〈http://www.mofa.go.jp/mofaj/press/pr/wakaru/topics/vol37/index.html（確認：2018 年 3 月 7 日）〉

**まとめ** 本章で学んだことを自分自身の言葉でまとめてみましょう。

【討論ポイント】

(1)「平和構築」とは，どのような活動なのでしょうか。どこで，誰が，どういった活動をしているのでしょうか。具体的な事例を探して，グループで発表し合ってみましょう。

(2) 活動内容の多様化・複雑化，参加する主体の多様化に伴い，平和構築活動は現在どのような問題に直面しているかを調べ，グループで話し合ってみましょう。

【参考文献】

①藤原帰一・大芝　亮・山田哲也（編）『平和構築・入門』有斐閣，2011年。

②東　大作（編）『人間の安全保障と平和構築』日本評論社，2017年。

③ Chandler, D., *Peacebuilding: The Twenty Years' Crisis, 1997-2017*, Cham: Palgrave Macmillan, 2017.

# 第29章　民主主義と民主化

## 29-1　民主主義とは何か

Q. 29-1 「民主主義」と聞いてイメージすることを書き出してみましょう。ある国が「民主主義」と呼ばれるためには，何が必要でしょうか。

A. 29-1

【解説1】

「民主主義」とか「民主的」という言葉を聞いて，何を思い浮かべるだろうか。おそらく，何かしら肯定的な事柄を連想するのではなかろうか。実際，ほぼすべての国家が，「我が国は民主主義国だ」と主張するだろう。「我が国は民主的ではない」と公言する国家指導者がいるとは考えにくい。たとえば，北朝鮮の正式な名称は，朝鮮民主主義人民共和国である。民主主義という言葉は，「善い政治」を表すシンボルとして用いられる傾向がみられる。

しかし，国際関係論を学ぶにあたっては，民主主義という言葉を，より厳密な意味で用いたい。政治学者のフアン・リンスは，政治体制を三つに大別した。自由民主主義体制，権威主義体制，全体主義体制である（リンス 1995）。本章でいう民主主義とは，政治体制としての自由民主主義体制のことである（以下では，「自由」を略して，単に「民主主義」と呼ぶことにする）。

では，民主主義を他の二つの政治体制から区別する要件とは何か。ここでは，近代以降に実践されてきた「代議制民主主義」について考えよう。政治学者のロバート・ダールは，民主主義（彼の言葉では「ポリアーキー」）の度合いを示す二つの指標を挙げた。自由（公的異議申し立て）と包括性（参加）である（ダール 2014）。前者に比べ，後者のほうが容易に思いつくかもしれない。民主主義と認められるには，自分たちの代表を自分たちで決めるための選挙の実施が不可欠であるし，その選挙に際しては，全国民が同じ重さの一票をもって投票すべきであろう。すなわち，普通選挙である。

図29-1　選挙の意義 1)

だが，それだけで十分だろうか。たとえ一人一票をもっているとしても，その一票を自由に投じることができなければ意味がない。また，自

1）出典：総務省 HP〈http://www.soumu.go.jp/senkyo/senkyo_s/naruhodo/naruhodo01.html（確認：2018年2月19日）〉

由に候補者を選ぶためには，複数の候補者が立候補し，異なる見解を主張して競い合うことで，有権者に複数の選択肢が提示されなければならない。言論の自由が保障されたもとでの，複数政党による競合的な選挙が要請されるのである。政府公認の候補がただ一人立候補を許され，政府とは異なる見解の表明が一切禁じられる非競争的な状況では，たとえ一人一票を手にして投票に参加したとしても，ここでいう政治体制としての民主主義には該当しないのである。

## 29-2　民主主義と戦争

Q. 29-2　政治体制が民主主義であることは，国家の対外行動にどのような影響を及ぼすでしょうか。それは，なぜでしょうか。

**【解説2】**

18世紀の哲学者イマヌエル・カントは，君主制から共和制（本章でいう民主主義体制に近い）に移行し，市民の意見が反映される政治体制になるにつれ，戦争は次第に抑制されると説いた（カント 2006）。このカントの主張を，厳密な統計学的手法を用いて検証したのが，ブルース・ラセットである。ラセットが歴史的データを解析したところ，「民主主義国同士が戦争をすることは稀である」とする分析結果が得られた（ラセット 1996）。これを「民主的平和（democratic peace）」論と呼ぶ。ただし，「民主主義国は戦争をしない」といっているわけではない点に注意を要する。民主主義国が戦争をしないのは，相手もまた民主主義国の場合のみである。相手が非民主主義体制の国であれば，民主主義国も戦争を行うことがある。つまり，二つの国家の政治体制の組み合わせで考える視点が重要である。

では，民主主義国は，なぜ他の民主主義国と戦わないのだろうか。ラセットは，二つの仮説を提示した。規範的説明と制度的説明である。まず，規範的説明から紹介しよう。民主主義国の国民は，国内で問題を処理する際に，「紛争の平和的解決」という規範（ゲームのルール）を内面化し，実践している。こうした国民同士であれば，相手国も同様に振る舞うことが期待できるため，国家間の紛争処理に際しても，同規範が相手国に適用され，実践されるという。結果として，「紛争の平和的解決」規範を共有する民主主義国家間では，たとえ利害対立や紛争が生じたとしても，武力行使を伴う非平和的な紛争解決（戦争）にまで発展するとは考えにくい。

次に，制度的説明について考えてみよう。「三権分立」という言葉を覚えているだろうか。民主主義国においては，司法，立法，行政の間で抑制均衡のメカニズムが働く仕掛けになっている。一般に，戦争を決断するのは行政府の長（首相や大統領）であろうが，立法府（議会）の承認が必要であることが多い。議員たちにとって最大の関心事は，自身の再選である。よって，次期選挙への影響を考慮に入れて政策決定を行う議員その他の政治指導者にとって，戦争による犠牲を嫌う国民の声を無視して武力行使を支持することは，政治的コストが高い。こうして，民主主義国では，国内世論が対外政策の決定をコントロールすることで，対立から戦争へのエスカレーションが阻まれると考えられるのである。

A. 29-2

______________________________________________

______________________________________________

______________________________________________

______________________________________________

## 29-3 民主主義の拡大と国際平和

**【解説 3】**

「歴史の終わり」という言葉を聞いたことがあるだろうか。これは，米国の政治思想家フランシス・フクヤマが，著作のタイトルで用いた表現である（フクヤマ 2005）。フクヤマによれば，人類の歴史は，異なるイデオロギー（政治理念）に基づく政治体制間の闘争の歴史として捉えられる。実際，自由民主主義は，20 世紀前半にファシズム，20 世紀後半に共産主義の挑戦を受けてきた。だが，第二次世界大戦でファシズムを打倒し，1990 年前後には米ソ冷戦で「勝利」を収めたことで，自由民主主義の優位性が確定し，もはや対抗するイデオロギーは現れないであろう。その意味で，政治体制の正当性をめぐる壮大な物語としての歴史は，すでに終わったというのである。

確かに，20 世紀後半には，民主主義国の数が増加した。政治学者のサミュエル・ハンチントンによれば，歴史的にみて，民主化には三つの波があったという（ハンチントン 1995）。「第一の波」は，1920 年代の西欧諸国や中南米諸国で進んだ民主化，「第二の波」は，第二次世界大戦敗戦をうけた日本やドイツの民主化，そして，1960 年代までに脱植民地化した新たな民主主義国の誕生を指す。さらに，1970 年代半ばには，南欧諸国の民主化が始まり，1980 年代末には，旧共産主義国の東欧諸国が次々に民主化を遂げていった。これを民主化の「第三の波」と呼ぶ。

こうした民主主義国数の増加傾向を外交政策によって後押ししようとしたのが，冷戦終結後の米国の歴代政権であった。「関与と拡大」戦略を掲げたビル・クリントン大統領は，内戦に陥った旧ユーゴスラヴィアやアフリカの諸国に積極的に関与し，紛争終結と民主化を促した（☞第 10・第 26 章）。また，ジョージ・ブッシュ（子）大統領は，「中東民主化」を掲げてイラク攻撃（2003 年）に乗り出すと，サダム・フセイン大統領の独裁政権を打倒し，民主主義への体制転換を強制した（☞第 27 章）。こうした 1990 年代，2000 年代における米国の外交政策の背景として，民主的平和論が政策決定者の間で広く共有され，影響を与えていたといわれる。

では，民主化の進展は，国際平和に寄与するだろうか。確かに，理論上は，すべての国家が民主主義国になれば，世界から戦争が消えるはずである。だが，民主的平和論でいう民主主義国とは，「定着した」民主主義国のことである。権威主義体制や全体主義体制から民主主義体制への「移行途上の」民主主義国に関しては，異なる分析結果が示されている。すなわち，民主主義へ向かう体制移行期の国家が最も不安定で，武力紛争に関与する確率が高い，むしろ，非民主主義体制のほうが安定的だというのである（Mansfield & Snyder 2007）。遠い将来における「民主的平和」の完成を目指して，不安定な近未来に耐えるのか，難しい選択を迫られている。

**まとめ** 本章で学んだことを自分自身の言葉でまとめてみましょう。

【討論ポイント】

(1)「民主的平和」についてラセットが提示した二つの説明に対しては，問題点が指摘されています。規範的説明と制度的説明を聞いて，疑問に感じたことや納得できない点を取り上げて，批判してみましょう。

(2) 民主化が武力紛争（国家間戦争，内戦を含む）を誘発するのは，なぜでしょうか。「選挙」に着目して考え，具体的な事例を調べましょう。

【参考文献】

①粕谷祐子『比較政治学』ミネルヴァ書房，2014年。

②橋爪大三郎『民主主義はやっぱり最高の政治制度である』現代書館，2012年。

③ Doyle, M. W., *Liberal Peace: Selected Essays*, London: Routledge, 2012.

**【引用文献】**

カント, I.『永遠平和のために／啓蒙とは何か 他3編』中山　元（訳），光文社，2006年。

ダール, R. A.『ポリアーキー』高畠通敏・前田　脩（訳），岩波書店，2014年。

ハンチントン, S. P.『第三の波――20世紀後半の民主化』坪郷　實・中道寿一・薮野祐三（訳），三嶺書房，1995年。

フクヤマ, F.『歴史の終わり 上・下』渡部昇一（訳），三笠書房，2005年。

ラセット, B.『パクス･デモクラティア――冷戦後世界への原理』鴨　武彦（訳），東京大学出版会，1996年。

リンス, J. J.『全体主義体制と権威主義体制』高橋　進（監訳），睦月規子・村上智章・黒川敬吾・木原滋哉（訳），法律文化社，1995年。

Mansfield, E. D., & Snyder, J., *Electing to Fight: Why Emerging Democracies Go to War*, Cambridge, MA: The MIT Press, 2007.

# 第30章　ジェンダー

## 30-1　社会的に構築される「女／男らしさ」＝ジェンダー

Q. 30-1　あなたがもつ「女らしさ」「男らしさ」のイメージを自由に書いてみましょう。女／男らしいと感じる有名人の名前，しぐさ，言葉遣い，伝統や慣習など何でも構いません。

A. 30-1

**【解説1】**

さて，あなたが書いた「女／男らしさ」は，ひょっとしたら他の国や文化圏の人々からは共感が得られないかもしれない。なぜなら，その「らしさ」を定義する基準が国や文化圏によって大きく異なるからである（☞第24章）。たとえば，日本には「大和撫子（やまとなでしこ）」という言葉がある。この言葉は，国語辞典によれば「日本女性の清楚な美しさをほめていう語」と定義されている。しかし，他の国・地域ではこのような女性が「女性の理想像」とみなされるとは限らない。「美しさ」の基準も国や文化圏によって大きく異なることもありうる。

さらにまた，なぜ男性の「清楚な美しさをほめていう」同等の表現はないのだろうか。それは，「女／男ならこうあるべき」という規範が男女間で異なっていて，女性に対して向けられる規範が，男性には向けられていないからである。反対に，親が泣く息子に対して「男の子なら泣くんじゃありません」と叱っている光景を目にする。「女の子なら泣くんじゃありません」とは言われない理由を論理的に説明することは難しい。それは，「男なら人前で泣く姿を見せるべきではない」という価値観が広く社会のなかで共有されているからであろう。これらの例のように，ある国や社会において，男性と女性それぞれの性に対して当該社会が期待している異なる役割認識のことを，生物学的性差（sex）と区別して，ジェンダー（社会・文化的性差：gender）と呼ぶ。では，このジェンダーという語の意味を確認したところで，次の問題に進んでみよう。

## 30-2　国際関係論におけるジェンダー

**Q. 30-2**　国際関係において，ジェンダーの違いが関係すると考えられる争点には，どのようなものがあるでしょうか。

**【解説2】**

図30-1　ヒラリー・クリントン元国務長官

米国のヒラリー・クリントン元国務長官は，かつて具体的な事例を挙げながら，女性の指導者について次のように述べたことがある。

「女性指導者は，人種や宗教の異なる者同士を協同させたり，周縁に追いやられた人々に代わって声を上げたりすることに，長けている。[…]女性たちは和解を促す仲介者として動くことが多く，場をうまく収めよう，自身が目指す変化を起こそうとします。[…]平和と安全を促進するために，ありとあらゆる手段と協力関係を駆使する。誰のことも見捨てない。敵にも敬意を示す。相手のことを理解し，心理的になるべく相手の考え方や視点に立ってみようとする」[1)]。

クリントンが言うように，政治の世界であれビジネスの世界であれ，もし女性の指導者のほうが男性の指導者よりも平和的な手段で対立を解決しようとする傾向が強いのであれば，世界中にもっと女性指導者が増えたほうがよいということになる。日本ではまだ実現していないが，女性の首相や大統領が増えれば，より平和的な手段で外交交渉が行われることになる。クリントンが言うように，そのような可能性を示唆する実例は多く存在しているようにもみえる。

その一方で，かつて英国で初めて女性首相となったマーガレット・サッチャーは「鉄の女」と呼ばれたことからもわかるように，外交や内政において強硬姿勢を貫いたことで知られる。映画『マーガレット・サッチャー――鉄の女の涙（*The Iron Lady*）』では，サッチャーが，男性が圧倒的多数を占める政治の世界において孤軍奮闘する様子が描かれている。これまで男性が優位だった組織や職種に女性が増えていけば，その組織内の慣習や文化，あるいは職業の性質が大きく変わっていく可能性はどの程度あるだろうか。たとえば，女性兵士（日本の場合は女性自衛官）の数が増えれば，組織の性格や男性優位の価値観は修正されていくのだろうか。

女性の社会的・政治的・経済的権利を男性と同等にし，女性の能力や役割の発展を目指す主張および運動のことをフェミニズム（feminism）と呼ぶが，このフェミニズムにも二つの対立する議論がある。一つは，これまで女性に門戸を閉ざしてきた分野にもっと女性が入っていけるようにするため，既存の男性優位の制度を改善することを目指すリベラル・フェミニズムである。もう一つは，制度改革だけでは不十分であると主張し，たとえば，男性優位の価値観を再生産・伝承する場になっている学校の教育内容まで掘り下げて，改める必要性を説くラディカル・フェミニズムである。この対立を国際関係論に適用するならば，ラディカルな立場からすれば女性兵士（自衛官）が増えるだけでは真の男女平等は実現できず，組織の体質や組織構成員の認識が根本的に改められなくてはならないということになる。さらには，そもそも戦争という行為自体が男性的価値観に基づくもの（マッチョ，頼もしさ，強さが評価される）であり，いくら女性兵士が増えようと，その根本自体が変わらない限り，真の男女平等ではないと

1）出典：Hillary Clinton Biography: Government Official, Activist, U.S. First Lady, Women's Rights Activist（1947–）〈https://www.biography.com/people/hillary-clinton-9251306（確認：2018年3月7日）〉

いう議論も存在する。外交や防衛の世界における男性優位の価値観や組織の体質そのものが改められない限り，国際関係において真のジェンダー平等は生まれないともいえるかもしれない。

ちなみに，世界経済フォーラムが毎年発表している，経済・教育・政治・保健の四つの分野における男女格差を測る「ジェンダー・ギャップ指数」において，2016年の日本のランキングは144か国中111位で，先進国では最低レベルであった。私たちは，この現状をどのように考えるべきだろうか。

A. 30-2

______________________________

______________________________

______________________________

______________________________

## 30-3　安全保障論とジェンダー

**【解説3】**

最後に，フェミニズムが，国際関係論のなかでも安全保障に関わる分野において，どのような議論を展開しているかをみてみよう。フェミニズムは，国家の軍事力を重視する伝統的な現実主義者の議論を批判する。力を重視するリアリスト（現実主義者；☞第2・第32章）の議論は，戦いの場での勇敢さ，たくましさ，自立心（＝男らしさ）を求める考えを前提にしており，それと対照をなす脆弱さ，優しさ，情愛，臆病，依頼心といった「女性的な」特性は，国家の安全において弱点になるとして否定的に捉えられる。戦闘行為は男らしさの究極的な試金石であり，「戦争を通して少年は男に成長する」（ティックナー 2005）。フェミニズムの視点からみれば，男らしさと密接に結びついた暴力が，結果的に戦争を正当化することになる。女性の特性として挙げられることの多い「かよわき存在」「保護される者」というレッテルを特定の人々（たとえば，独裁者に虐げられている人々，民族浄化の犠牲者たちなど）に対して貼ることによって，そうした存在を保護するための軍事行動が（たとえその軍事行動によって，かえって被害や犠牲が拡大する可能性が高いとしても）支持・正当化される（☞第26章）。そして，「保護する者」の役を担うのはもっぱら男性であり，軍事や安全保障分野の政策決定の世界から女性は排除されてきた。

「強き者が弱き者を助ける」という男性的な価値観に基づいてはじめられる戦争において，その犠牲者の大半が「弱き者」であるはずの子どもや女性であるという現実が示す矛盾は，このようなジェンダーの視点を国際政治に持ち込むことによって新たにもたらされる気づきの一つといえるのではないだろうか。

**まとめ** 本章で学んだことを自分自身の言葉でまとめてみましょう。

【討論ポイント】

(1) 日本は，国別のジェンダー・ギャップ指数で極めて低い位置にいます。そのような評価になっている理由は何だと思いますか。グループで話し合ってみましょう。

(2) 本章で出てきた女性兵士，女性の政治指導者などのほかに，国際関係においてジェンダーの考え方が関係すると思われる争点を挙げて，グループで議論してみましょう。

【参考文献】

①千田有紀・中西祐子・青山　薫『ジェンダー論をつかむ』有斐閣，2013年。

②植木俊哉・土佐弘之（編）『国際法・国際関係とジェンダー』東北大学出版会，2007年。

③ Steans, J., *Gender and International Relations: Theory, practice, policy*, 3rd edition, Cambridge: Polity Press, 2013.

【引用文献】

ティックナー，J. A.『国際関係論とジェンダー――安全保障のフェミニズムの見方』進藤久美子・進藤榮一（訳），岩波書店，2005年。

# 第 6 部
# 日本からみる世界

# 第 31 章　日本の外交と安全保障

## 31-1　日本を取り巻く国際環境

Q. 31-1　日本の近隣には，どのような国があるでしょうか。それらの国々と日本との間には，どのような問題が生じているでしょうか。

A. 31-1

**【解説 1】**

日本は，ロシア，北朝鮮，韓国，中国，台湾といった多様な国・地域に囲まれている。軍事力という面では，日本は，ロシア，中国，北朝鮮という核保有国と向かい合っている。経済面をみると，先進国の日本と韓国から，急速な経済成長を遂げつつある新興国の中国，食糧不足が例年伝えられる北朝鮮に至るまで，発展段階は異なっている。2010 年に国内総生産（GDP）で日本を追い抜き，世界第 2 位に躍り出た中国は，その後も高度成長を続け，日本との経済力の差を広げつつある。政治体制に関しては，民主主義体制の日本，韓国，台湾，共産党一党支配体制の中国，個人独裁の北朝鮮が存在する。文化面をみても，欧州の大国・ロシアが北方に位置するなど，「漢字文化圏」といった言葉で一括りにするのは難しい。

日本とこれら近隣諸国との関係について考えてみよう。まず，日本は，ロシアとの間で北方領土（クリル諸島），韓国との間で竹島（独島），中国・台湾との間で尖閣諸島（釣魚群島）をめぐる領土紛争を抱えている。これらのうち，尖閣諸島については，日本が長年にわたって実効支配を続けてきたが，2009 年頃から，中国公船が周辺海域に頻繁に侵入するようになった。また，東シナ海における海底ガス田の開発問題，南シナ海からインド洋を経由して中東に至る

表 31-1　主要国の国防費（2015 年度）[1]

| | 日　本 | 米　国 | 中　国 | ロシア | 韓　国 | オーストラリア | 英　国 | フランス | ドイツ |
|---|---|---|---|---|---|---|---|---|---|
| 国防費（億米ドル） | 470 | 5,625 | 2,567 | 1,326 | 421 | 224 | 511 | 460 | 426 |
| GDP に対する比率（%） | 1.0 | 3.4 | 1.3 | 3.9 | 2.4 | 2.0 | 2.1 | 1.8 | 1.2 |

1）出典：防衛省 HP「平成 29 年版　防衛白書」〈http://www.mod.go.jp/j/publication/wp/wp2017/html/n2244000.html#zuhyo02020406（確認：2018 年 2 月 19 日）〉

海上交通路（シーレーン）などをめぐり，日中間の対立が顕在化している。

さらに，2017年には，核ミサイル開発を進める北朝鮮との軍事的緊張が一気に高まった。そうしたなか，北朝鮮の問題に対応するうえで連携が欠かせない韓国との関係も，決して良好とはいえない。竹島の領有権問題に加えて，日本による植民地統治（1910–45年）をめぐる歴史問題が韓国側から繰り返し提起されている。「従軍慰安婦」問題については，2015年12月の日韓外相会談において合意が成立し，「この問題が最終的かつ不可逆的に解決されることを確認する」とされたが，日韓両国民間の和解には至っていない。

このように，不確実性の高い東アジアの国際環境において，多様な脅威や困難に直面しているのが日本外交の現状である。

## 31-2　日米関係の歩み

**Q. 31-2**　20世紀の半ば，日本と米国はなぜ開戦したのでしょうか。また，戦後には一転して同盟国となり，安全保障面での協力を深めてきましたが，それはなぜでしょうか。

**【解説2】**

「トモダチ作戦」という言葉を耳にしたことがあるだろう。東日本大震災（2011年3月11日）に際して，米軍が日本で実施した救援活動の作戦名である。日米の同盟関係は，1951年9月に結ばれた日米安全保障条約にはじまる（1960年1月に改定）。だが，そのわずか6年前まで，日米両国は互いを敵国とみなし，総力を挙げて太平洋戦争（1941–45年）を戦っていた。

1930年代に日米が対立を深めた理由の一つが，当時の中華民国に対する政策の相違であった。米国は，「門戸開放宣言」（1899年）以来，中国市場が世界各国に対して等しく開放されるべきであるとの原則を掲げてきた。それに対し，世界恐慌（1929年10月）後の経済的苦境にあって，日本が選択した道は，中国大陸への軍事的進出と中国市場の独占であった（☞第15章）。1937年7月には，日中戦争（支那事変）に突入した。米国は，石油禁輸などの対日経済制裁を科し，中国大陸からの日本の撤退を要求したが，これを拒否した日本は，1941年12月8日（日本時間），米国領ハワイの真珠湾を奇襲攻撃し，開戦した（☞第3章）。

1945年8月，日本が無条件降伏すると，米国は，日本全土を占領下に置き，日本の非軍事化と民主化を進めた。その目的は，日本を軍事的・経済的に弱体化させることであった。ところが，米国は1948年頃から政策転換し，日本の経済復興に乗り出す。背景には，米ソ冷戦の進展があった（☞第23章）。1949年10月，中華人民共和国が建国され，翌年6月には，北朝鮮が韓国に軍事侵攻し，朝鮮戦争が勃発した。共産主義勢力からの脅威が高まるなかで，米国は，強力な同盟国としての日本を必要としたのである。そこで，1951年9月8日，サンフランシスコ平和条約を結び，日本の主権を回復すると，同日，日米安保条約を締結した。これにより，在日米軍が日本駐留を継続することとなった。また，吉田茂首相は，米国政府の要請を受け，1954年7月，自衛隊の創設に踏み切った。

1991年12月にソ連が崩壊し，冷戦が終結すると，日米の同盟関係は一時「漂流」したが，1990年代後半には「再定義」され，冷戦後も継続されることが確定した（船橋 2006）。1996年4月の日米安全保障共同宣言は，日米同盟を「アジア太平洋地域において安定的で繁栄した情勢を維持するための基礎」と規定した。2014年7月には，安倍晋三内閣により，集団的自衛権の行使を容認する閣議決定がなされるなど，自衛隊と米軍の協力が加速している（☞第9章）。

A. 31-2

## 31-3 日本の国際平和協力と自衛隊

【解説3】

「国際貢献」という言葉がさかんに使われた時期があった。1990年代初頭のことである。クウェートに軍事侵攻したイラクに対して，米軍を主体とする多国籍軍が軍事制裁を行った湾岸戦争（1991年）では，米国の同盟国を中心に，28か国が部隊を派遣して多国籍軍に参加した（☞第9章）。そうしたなか，日本政府は，憲法第9条の制約を考慮し，多国籍軍への参加を見送る一方で，総額110億ドルに及ぶ資金提供を行った。ところが，クウェート政府が，戦後，ワシントンポスト紙に掲載した感謝広告に，日本の名はなかった。また，米国からは，日本は「血を流す」貢献をせず，日米安保に「ただ乗り」しているとの批判を受けた。こうして，日本国内で，人的な国際貢献を求める声が高まると，当時の海部俊樹内閣は，戦闘終結後の6月，ペルシャ湾に海上自衛隊の掃海艇を派遣した。自衛隊としては，初の海外派遣となった。

続く宮澤喜一内閣のもと，1992年には，国連平和協力法（PKO協力法）が成立し，内戦終結後の国連カンボジア暫定統治機構（UNTAC）に自衛隊が派遣された（☞第10章）。当時，野党や世論のなかには，自衛隊の海外派遣に対する強い警戒がみられた。だが，PKO参加の実績が積み重ねられるにつれ，自衛隊の役割は肯定的に評価されるようになってきた。具体的には，モザンビーク，ゴラン高原，東ティモール，ネパール，ハイチ，南スーダンのPKOに派遣された。また，自衛隊は，国際緊急援助隊法（1992年改正）に基づき，大規模自然災害後の緊急援助活動を世界各地で実施してきた。PKOへの参加と緊急援助活動は，選挙監視活動と合わせて，「国際平和協力活動」と呼ばれる。

このほか，特別措置法（特措法）や個別の対処法に基づいて，自衛隊が海外での国際協力に参加したケースがある。まず，9.11同時多発テロ事件（2001年）の翌10月，米国を中心とした有志連合諸国が，テロ集団アルカイダを匿うアフガニスタンを攻撃し，対テロ戦争に踏み切ると（☞第14章），小泉純一郎内閣は，後方支援の提供を決断した。具体的には，同年12月から2010年1月にかけて，海上自衛隊がインド洋に派遣され，米軍などへの洋上での給油活動を行った。また，米国のイラク攻撃（2003年3月）に際しては（☞第22・第27・第29章），大規模戦闘終結後，陸上自衛隊と航空自衛隊がイラクに派遣され，2003年12月から2009年2月にかけて，米軍などとともに人道復興支援活動に従事した。さらに，ソマリア沖・アデン湾には海上自衛隊が派遣され，他国の艦艇とともに，海賊対処にあたっている。これは，麻生太郎内閣のもと，2009年6月に成立した海賊対処法に基づく活動であり，日本関係の船舶の護衛のほか，外国船の護衛のための活動にも従事している（2018年3月現在，活動継続中）。

このように，湾岸戦争後の日本は，資金提供だけでなく，自衛隊の海外派遣という人的貢献にも踏み出し，実践を重ねてきた。そうしたなか，「積極的平和主義」を掲げる安倍内閣のもと，2015年9月，「平和安全法制」が整備された。国際協力に関しては，PKO協力法が改正され，「国際連携平和安全活動」（国連が統括しない，PKOに類似した活動）への自衛隊の参加が認められるとともに，PKOなどの現場で，国連やNGOの職員，他国の軍隊などが襲撃された際に行う「駆け付け警護」，自衛隊と他国の部隊の共同宿営地が襲撃を受けた際に連携する「宿営地の共同防護」が認められた。また，国際平和支援法が制定され，国連決議のもとで活動する他国の軍隊への「協力支援活動」（後方支援）が定められた。このように近年では，自衛隊の海外任務は，拡大する方向にある。

**まとめ** 本章で学んだことを自分自身の言葉でまとめてみましょう。

【討論ポイント】

（1）日米同盟がアジア太平洋地域の安定の礎石であるとされるのはなぜでしょうか。米軍の存在は，どのような効果をもっているでしょうか。

（2）日本が人的な国際貢献を行うとすれば，自衛隊の海外派遣のほかに，どのような方法があるでしょうか。実践例を踏まえて，考えてみましょう。

【参考文献】

①上杉勇司・藤重博美（編）『国際平和協力入門――国際社会への貢献と日本の課題』ミネルヴァ書房，2018年。

②樋渡由美『専守防衛克服の戦略――日本の安全保障をどう捉えるか』ミネルヴァ書房，2012年。

③竹内俊隆（編）*Understanding International Relations: The World and Japan* 改訂版，大学教育出版，2018年。

**【引用文献】**

船橋洋一『同盟漂流 上・下』岩波書店，2006年。

# 第32章　私たちと国際関係論

## 32-1　なぜ国際関係論を学ぶのか

**Q. 32-1** なぜ，あなたは国際関係論を学ぼうと考えましたか。国際関係論を学ぶ意義について，今のあなた自身の考えを書き出してみましょう。

**A. 32-1**

______________________________

______________________________

______________________________

______________________________

**【解説 1】**

あなたは，本書をどのような目的や理由で手にしたのだろうか。今の世界情勢について理解するために，国際関係論を学びたいと考えたからかもしれない。国際関係論のテキストとしては珍しいワーク式であるため，本書に興味をもったという人もいるだろうし，授業の教科書として指定されていたから，という人もいるだろう。動機は人によってさまざまであろうが，国際関係論という学問の学修が目的の一つであることは共通しているのではないだろうか。では，国際関係論を学ぶ意義とは何だろうか。本章では，日本で国際関係論を学ぶことが，私たち一人ひとりにとってどのような意味があるのかを考えてみることにしよう。

国際関係論（International Relations）とは，私たちが生きる世界のあり方を研究し，この世界のさまざまな課題について考え，その背景や解決策を探ろうとする学問である。いかにして戦争（☞第3章）を防ぎ，平和（☞第6章）な状態を作るのか。二度の世界大戦と冷戦という，世界全体を巻き込む大戦争や核による人類滅亡の恐怖を経験した20世紀に，国際関係論は学問として確立され発展した 。そのため，この学問は，端緒より「戦争と平和」や安全保障（☞第7・第8章）の問題に取り組んできた。よって，国際関係論を学ぶことは，まずもって，平和な世界を作るためにはどうすればよいのかを知ることを意味する。日本で生活する私たちのなかには，「戦争は過去のことで，自分には関係ない」と感じる人もいるかもしれない。しかし，戦争と平和の問題が本当に自分と無関係なのかは，日本と周辺諸国との関係の現状やその経緯（☞第12・第31章）を知ったうえで，そもそもなぜ戦争は起こり，平和な状態はいかにして作り出されるのかなどについての知識を得て初めて判断できることである。国際関係論を学ぶことはその一助となろう。

それでは，国際関係論は，戦争と平和だけを研究対象としてきたのだろうか。

## 32-2 国際関係論とは何か

**Q. 32-2** 国際関係論では，いかなるテーマが取り上げられているのでしょうか。各テーマのなかであなたが関心を抱いたものを複数挙げて，その理由を詳述してみましょう。

**【解説 2】**

世界には，互いに利害や考え方の異なる国家（☞第2章）がひしめき合い，戦争には至らなくとも，さまざまな次元で対立が生じている。貿易（☞第15章）や貧富の格差（☞第17章）などをめぐる経済的な対立は，その好例である。国家間での対立を緩和し協調的な関係を築くため，各国はルール（国際法）を定め，国連（☞第9・第10章）や欧州連合（EU）（☞第11章）をはじめとする国際組織を設立してきた。国際組織は，世界経済を支える金融（☞第16章），国際的なテロリズム（☞第14章），核兵器を含む大量破壊兵器（☞第22・第23章），発展する科学技術（☞第21章）とそれによる地球環境の破壊（☞第20章）などの，グローバル化（☞第1章）の進展により深刻化している地球規模の諸課題（global issues）の解決を目指し，途上国に対する開発と援助（☞第18章）を進めるなどの活動を展開してきた。これらの課題に民間の立場から取り組む非政府組織（NGO）や，世界中でビジネスを展開する多国籍企業のような脱国家的主体（☞第13章）も，現代世界のなかで重要な役割を果たしている。

日本のように，一見すると平和な国のなかでも，身近なところで暴力（☞第5章）や人権（☞第25章）の侵害が起っている。また，移民（☞第19章）の増加などによって，異なる文化（☞第24章）をもつ人々がどうすれば共存できるのかも問題となっている。世界中には政府の機能に問題がある破綻国家（☞第27章）で苦しい生活を強いられている人々や，内戦（☞第4章）によって多大な恐怖に毎日怯えながら生きている人々も多数おり，国際社会は対応に奔走してきた（☞第26・第28章）。今まさに地球上で起こっている恐ろしい出来事や苦しんでいる人々について，私たちは関心をもつことなく無視してよいのだろうか。そもそも，事実とその背景を知らなければ，私たちが無視できる問題なのかどうかの判断もできないだろう。

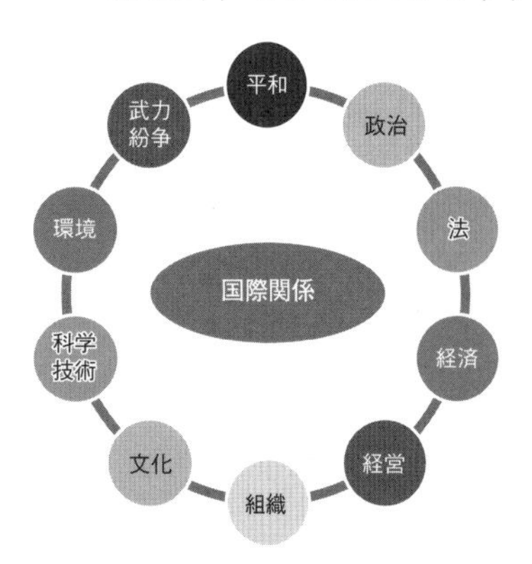

図 32-1　国際関係論の多様なテーマ（著者作成）

上記の多様なテーマや領域を分析対象とする国際関係論は，世界のさまざまな課題と，現代日本に生きる私たちとのつながりを考えるための知識を提供してくれるのである。

**A. 32-2**

___

___

___

___

## 32-3 日本で学ぶ国際関係論：複数の観点から考える現代世界の諸課題

**【解説3】**

世界中のさまざまな課題について考えるとき，一つの視点からみるだけでよいだろうか。たとえば，日本の両隣に位置し，経済大国である米国や中国との外交関係について，あなたはどう考えるだろうか。大国として台頭する中国は日本の脅威だとして，米国との同盟関係を強化すべきだと考える人もいるだろうし，また，米国との同盟関係の強化は日本を戦争に巻き込む危険性があるとして，同盟に頼るよりも中国との協調関係を発展させる外交を進めるべきだと考える人もいるだろう。国際関係について議論するとき，互いに異なる主張や見解がしばしば出てくるが，それはなぜだろうか。もちろん，人によって考え方や認識，価値観が多様だということが一因なのは間違いない。しかし，重要なことは，国際関係は多数の主体がさまざまな思惑をもって動くことで成立しており，世界の実態はきわめて複雑であるため，どの視点から世界をみるかによって，相互に対立する意見も出てくるということである。複雑なこの世界の全体をあるがままにみることは，今の人間には不可能である。したがって，事実をある程度抽象化して，特定の観点から世界の姿を切り取って分析するほかない。そのための道具が，理論や概念である。ある一つの理論や概念は，特定の観点から世界をみて分析するための「レンズ」だといえる。よって，複数の概念や理論を知り，駆使することで，さまざまな立場に置かれ，多様な利害や価値観をもつ集団や国家がひしめき合う世界の実像に迫ることができる。たとえば，「暴力」（☞第5章）を直接的暴力・構造的暴力・文化的暴力，「平和」（☞第6章）を消極的平和と積極的平和という複数の概念に分けて分析することで，世界で起こっている問題がより鮮明になるのである。

国際関係理論は，大きく二つの伝統に分類できる。第一の伝統は，国家とそのパワー（軍事力や経済力など）の存在という現実を重視する「リアリズム（現実主義）」である。ここには，各国間のパワーの分布状況から各国が置かれた立場と国際秩序を分析する「勢力均衡論」（☞第2・第7章）や「覇権安定論」（☞第3章）などの理論が含まれる。リアリズムはしかし，国家以外の個人や組織の動き，国際的な決まり事や政治体制のあり方などを軽視する傾向がある。リアリズムが取りこぼしているこれらの要素を重視して国際関係を分析するのが，第二の伝統である「リベラリズム（自由主義）」である。国際組織の果たす役割を説く「機能主義」（☞第21章）と「新機能主義」（☞第11章）の国際統合論，貿易関係の深化が国際関係を変容させるとする「相互依存論」（☞第15章），国際制度による国家間の協調を説明する「国際レジーム論」（☞第20章），そして，民主主義国同士が戦争を避ける傾向を論ずる「民主的平和論」（☞第29章）などがここに含まれる。だが，リベラリズムもまた，弱点を有する。リアリズムが強調する各国の利害対立やパワーの衝突を軽視する傾向をもつためである。

かくして両伝統は国際関係論の主要二大潮流として相補的に発展してきたが，他の理論的伝統も存在感を放っている。「コンストラクティヴィズム（社会構成主義）」は，価値観や規範意識などが国際関係のあり様を作り上げてきたことを主張する（☞第25章）。また，貧困・格差問題の根源を支配と搾取の構造に求める「従属論」（☞第17章）とその系譜をひく「世界システム論」（☞第1章）や，性の視点から世界を捉え直す「フェミニズム」（☞第30章）のほか，批判理論や規範理論などさまざまな理論が提起されてきた。多様な理論を用いて，複雑な世界を複数の観点から分析することが可能になっているのである。

国際関係論は英国で誕生し，米国を中心に発展してきた学問で，以上の理論もほとんどが海外の研究成果である。なぜ，日本発の理論はないのかと思われるかもしれない。実際に，米国以外の国や地域の視点からの理論化は，近代欧州の歴史と思想に立脚した「英国学派（the

English School)」にはじまり，近年では「中国学派」や「非西洋型」の国際関係理論なども提唱され，注目を集めている（Acharya & Buzan 2010）。日本においても，日本独自の文脈や歴史に立脚した視点と問題意識から日本を含む世界の同時代の課題に向き合い，国際関係論を構築してきた伝統が脈々と続いている（猪口 2007；大矢根 2016；初瀬他 2017）。本書を通じて学び得た国際関係論の知識を活かして，あなた自身の問題関心を広げ，私たちが生きる世界の課題について考え続けていこう。

**まとめ** 本章で学んだことを自分自身の言葉でまとめてみましょう。

________________________________________

________________________________________

________________________________________

________________________________________

________________________________________

【討論ポイント】

（1）「国際関係論を学んで世界の深刻な問題を知ったところで，自分の生活には直接関係はないし，政治家や外交官でもない自分には何もできない」と主張する人に対し，あなたはどう答えますか。本章を通読したうえで，あなた自身の応答を具体的に考えてみましょう。

（2）複数の理論から世界を分析することで，どのようなことがわかるのでしょうか。国際関係の具体的な事例や課題について，異なる理論がそれぞれいかなる分析を展開しているのかを調べたうえで，グループで意見を交換して話し合ってみましょう。

【参考文献】

①吉川直人・野口和彦（編）『国際関係理論 第2版』勁草書房，2015年。
②日本国際政治学会（編）『学としての国際政治』有斐閣，2009年。
③カー，E. H.『危機の二十年――理想と現実』原　彬久（訳），岩波書店，2011年。

**【引用文献】**

猪口　孝『国際関係論の系譜』東京大学出版会，2007年。
大矢根聡（編）『日本の国際関係論――理論の輸入と独創の間』勁草書房，2016年。
初瀬龍平・戸田真紀子・松田　哲・市川ひろみ（編）『国際関係論の生成と展開――日本の先達との対話』ナカニシヤ出版，2017年。
Acharya, A., & Buzan, B., ed., *Non-Western International Relations Theory: Perspectives on and beyond Asia*, London: Routledge, 2010.

# 事項索引

# 人名索引

## 編著者紹介

**小田桐 確（おだぎり たしか）**

関西外国語大学外国語学部准教授

1974年東京都生まれ。上智大学外国語学部英語学科卒業。上智大学大学院外国語学研究科国際関係論専攻博士後期課程単位取得満期退学。上智大学特別研究員・非常勤講師，亜細亜大学・慶應義塾大学・東京理科大学ほか非常勤講師，明治大学兼任講師を経て，関西外国語大学講師。2018年4月より現職。

専攻：国際政治学，安全保障論

主著：『地球時代の「ソフトパワー」――内発力と平和のための知恵』（共著，行路社，2012年），*Understanding International Relations: The World and Japan*（共著，大学教育出版，2013年〔改訂版，2018年〕），*Multiculturalism and Multicultural Society*（共著，DTP出版，2017年）。

担当：はじめに・第3・8・9・16・20・22・23・26・29・31章

**長谷川 晋（はせがわ すすむ）**

関西外国語大学英語国際学部准教授

1974年北海道生まれ。上智大学外国語学部英語学科卒業。American University School of International Service（SIS）修了，M.A.（International Politics）。広島大学大学院国際協力研究科博士課程後期修了，博士（学術）。外務省国際情報統括官組織第四国際情報官室専門分析員（米国情勢担当）などを経て，関西外国語大学講師，2020年4月より現職。

専攻：平和構築論，紛争解決学

主著：『紛争解決学入門――理論と実践をつなぐ分析視角と思考法』（共著，大学教育出版，2016年），『国際平和協力入門――国際社会への貢献と日本の課題』（共著，ミネルヴァ書房，2018年），「治安部門改革における非国家主体の役割――イラク・アフガニスタンにおける民間安全保障会社を例として」（広島大学大学院国際協力研究科博士論文，2012年）。

担当：第4・5・6・10・14・17・18・19・27・28・30章

**岸野 浩一（きしの こういち）**

関西外国語大学外国語学部助教

1986年大阪府生まれ。関西学院大学法学部政治学科卒業。関西学院大学大学院法学研究科博士課程後期課程修了，博士（法学）。関西学院大学・神戸女学院大学ほか非常勤講師を経て，2017年4月より現職。

専攻：国際政治経済学，国際関係思想，法哲学・政治哲学

主著：『国際関係論の生成と展開――日本の先達との対話』（共著，ナカニシヤ出版，2017年），『政治概念の歴史的展開 第七巻』（共著，晃洋書房，2015年），「英国学派の国際政治理論におけるパワーと経済――E・H・カーとヒュームからの考察」『法と政治』（第63巻2号，関西学院大学法政学会，2012年）。

担当：第1・2・7・11・12・13・15・21・24・25・32章

**ワークブック国際関係論**
**身近な視点から世界を学ぶ**

---

2018年5月31日　初版第1刷発行
2021年5月31日　初版第4刷発行

編著者　小田桐確
　　　　長谷川晋
　　　　岸野浩一
発行者　中西　良
発行所　株式会社ナカニシヤ出版
〒606-8161　京都市左京区一乗寺木ノ本町15番地
Telephone　075-723-0111
Facsimile　075-723-0095
Website　http://www.nakanishiya.co.jp/
Email　iihon-ippai@nakanishiya.co.jp
郵便振替　01030-0-13128

---

装幀＝白沢　正／印刷・製本＝ファインワークス

Printed in Japan.
ISBN978-4-7795-1258-2